NETZWERK

IBA meets IBA

**ZUR ZUKUNFT
INTERNATIONALER
BAUAUSSTELLUNGEN**

JOVIS

NETZWERK
IBA meets IBA

ZUR ZUKUNFT INTERNATIONALER BAUAUSSTELLUNGEN

JOVIS

Prolog 6
Uli Hellweg

Begrüßung 12
Senatorin Anja Hajduk

1 Eine Zeitreise durch die Baukultur.
Zur Geschichte der Internationalen Bauausstellungen 16
Prof. Dr. Werner Durth

2 Eine literarische Reise zu den Metropolen der Welt 32
Dr. Roger Willemsen

3 Zur Zukunft Internationaler Bauausstellungen 48
Prof. Dr. Engelbert Lütke Daldrup

4 Internationale Bauausstellungen als Instrument
der Stadtentwicklung – Zum „Warum, Wann, Wofür"
aus Sicht der Städte und Regionen 56
Prof. Jörn Walter

5 Ein Memorandum zur Zukunft Internationaler
Bauausstellungen 64

6	Die aktuellen Internationalen Bauausstellungen	74
	Prof. Kunibert Wachten	
	Brigitte Scholz	
	Dr. Sonja Beeck	
	Uli Hellweg	
	Kaye Geipel	
7	Die geplanten Internationalen Bauausstellungen	90
	Frauke Burgdorff	
	Dirk Lohaus	
	Dr. Dagmar Tille	
	Dr. Gabriela Bloem	
	Dr. Reimar Molitor	
8	Innovative Stadtentwicklung in Europa	100
	Prof. Peter Zlonicky	
	Prof. Anna Brunow	
	Nicolas Buchoud	
	Prof. Andreas Kipar	
	Prof. Dr. Dieter Läpple	
	Dr. Marta Doehler-Behzadi	
9	Wanderausstellung „IBA meets IBA"	114
10	Vitae	118

Prolog und Begrüßung

Uli Hellweg
Senatorin Anja Hajduk

Uli Hellweg
Geschäftsführer IBA Hamburg GmbH
Managing director IBA Hamburg GmbH

Prologue (Abstract)

International Building Exhibitions (IBA) have been in existence in Germany for over one hundred years. They therefore constitute a fixed element of urban development, always delivering innovative responses to the pressing issues of dwelling, building, and urban planning of their respective eras. Over the course of a century, the tasks and expectations of an IBA have changed as have its legal form and duration. For the first time ever there are currently three simultaneous IBA running; the Fürst-Pückler-Land IBA in Brandenburg, the urban redevelopment IBA in Saxony-Anhalt and the IBA Hamburg. Further IBA are in planning or consideration.

The debates that took place during the "IBA meets IBA" forum, documented here, as part of the "IBA meets IBA" network, have demonstrated that: "IBA needs IBA"—debate on the future of International Building Exhibitions is enriching and provides an indispensible basis for the perpetuation of an over one-hundred-year-old IBA success story. This publication gathers the essential contributions of the forum to that debate.

Prolog

Seit über 100 Jahren gibt es Internationale Bauausstellungen (IBA) in Deutschland. Damit bilden sie einen festen Bestandteil der Stadtentwicklung und geben stets innovative Antworten auf die zu ihrer Zeit jeweils drängenden Fragen des Wohnens, des Bauens und des Städtebaus. Als Experimentierfeld haben sich Internationale Bauausstellungen zu einem besonderen Kennzeichen deutscher Bau- und Planungskultur entwickelt und finden sogar weltweite Beachtung.

Internationale Bauausstellungen haben herausragende Zeugnisse der Baukultur hervorgebracht: die Künstlerkolonie Mathildenhöhe in Darmstadt, die Weißenhofsiedlung in Stuttgart oder die umgebauten Industriedenkmäler im Ruhrgebiet – letztere dienen bald als Veranstaltungsorte der europäischen Kulturhauptstadt 2010. Ganz wesentlich beeinflussen Internationale Bauausstellungen mit ihren konkreten Bauwerken und Projekten sowie mit ihren theoretischen Beiträgen auch die deutsche Planungskultur.

Man kann sagen: Wir Architekten und Planer haben etwas Großartiges geerbt. Mit diesem Erbe müssen wir aber auch verantwortungsvoll umgehen. Dafür müssen wir uns grundsätzliche Fragen stellen: Was macht eine solche IBA überhaupt aus? Was haben die bisherigen Bauausstellungen eigentlich erreicht? Wie kann man heute an diese lange Tradition anknüpfen? Überwiegen die dauerhaften Effekte und wenn „ja", warum?

Im Laufe eines Jahrhunderts haben sich Aufgabenstellungen und Erwartungen an eine IBA ebenso verändert wie ihre Rechtsform oder ihre Dauer. Mit der IBA Fürst-Pückler-Land in Brandenburg, der IBA Stadtumbau in Sachsen-Anhalt und der IBA Hamburg gibt es aktuell erstmals drei Internationale Bauausstellungen gleichzeitig. Weitere IBA sind in Planung oder im Gespräch. Auch im europäischen Ausland gibt und gab es Überlegungen, das deutsche Format IBA auf die nationalen Verhältnisse zu übertragen. Im Dreiländereck Deutschland-Frankreich-Schweiz geht nun mit der IBA Basel 2020 sogar die erste trinationale IBA an den Start.

Daher hat die IBA Hamburg mit Unterstützung des Museums für Architektur und Ingenieurkunst (M:AI) im Mai 2007 ein erstes Labor unter dem Titel „IBA meets IBA" initiiert. Vorrangiges Ziel war es, mithilfe der Vertreter früherer, aktueller und geplanter Bauausstellungen die oben beschriebenen Fragen zu diskutieren und ein Netzwerk aufzubauen. Ganz wesentlich unterstützt wird das Netzwerk mittlerweile durch das Bundesministerium für Verkehr, Bau und Stadtentwicklung (BMVBS) im Rahmen seines Programms „Nationale Stadtentwicklungspolitik". Ziel des Netzwerks ist, neben einem intensiven Erfahrungsaustausch aller Beteiligten, auch die Qualitätssicherung und Weiterentwicklung dieses traditionsreichen Planungsinstruments. Dies scheint geboten, weil Internationale Bauausstellungen bedroht sind; bedroht von einer Überforderung ihrer Ansprüche, von thematischer Beliebigkeit oder auch von medialer Nichtbeachtung. Auch ist deren Zahl in den letzten Jahren inflationär gestiegen. Wurden im letzten Jahrhundert fünf Bauausstellungen veranstaltet, so sind in den letzten zehn Jahren gleich drei Bauausstellungen zu beobachten. Um sich diesen und weiteren Herausforderungen zu stellen, hat sich das Netzwerk „IBA meets IBA" eine

Die neuen Geschäftsräume der IBA Hamburg: IBA DOCK im Müggenburger Zollhafen

mehrschichtige Arbeitsstruktur gegeben, die aus den Plattformen Labor, Forum und Expertenrat, der Ausstellung „IBA meets IBA" sowie einem IBA-Evaluationsverfahren besteht.

Zur Qualitätssicherung wurde ein Memorandum zur Zukunft Internationaler Bauausstellungen erarbeitet, hierfür gilt noch einmal besonderer Dank an Prof. Werner Durth, der dies unter tatkräftiger Mithilfe des IBA-Netzwerks verfasst hat. Es beinhaltet zehn Empfehlungen zur Durchführung einer IBA und soll regelmäßig überprüft und gegebenenfalls fortgeschrieben werden.

Die Diskussionen während des hier dokumentierten Forums „IBA meets IBA" als Teil des Netzwerks „IBA meets IBA" haben klar gemacht: „IBA needs IBA" – der Diskurs über die Zukunft Internationaler Bauausstellungen ist bereichernd und unverzichtbare Grundlage für die Fortschreibung der über 100-jährigen Erfolgsgeschichte IBA. Die Publikation versammelt die wesentlichen Beiträge des Forums zu diesem Diskurs.

Anja Hajduk
Senatorin der Behörde für
Stadtentwicklung und Umwelt der
Freien und Hansestadt Hamburg
Senator of the State Ministry for
Urban Development and Environment of the Free and Hanseatic
City of Hamburg

Greeting (Abstract)

With its International Building Exhibition (IBA), Hamburg aims to realize a large city development project, known as "Leap across the Elbe," by 2013. The project is currently being prepared in Wilhelmsburg—a quarter of Hamburg characterized by large public roads, shaped by cultural diversity, and long perceived as Hamburg's "backyard." This should change in the years to come, however. Not only will Wilhelmsburg profit enormously from the IBA—with its high standards of quality in terms of urban development, architecture, and citizen participation—but the entire city will, as well. In realizing this project, everything feasible will be taken into consideration. For that is the strength of an IBA: the suspense between visionary and feasible ideas.

Begrüßung

Sehr geehrter Herr Professor Dr. Lütke Daldrup, sehr geehrter Herr Hellweg, meine Damen und Herren!

Ich heiße Sie alle, gerade auch diejenigen, die von weit her gekommen sind, in Hamburg sehr herzlich willkommen. Ich glaube, es ist eine schöne Wahl, dass wir hier heute Abend im Hafen zusammenkommen. Herr Hellweg und ich haben uns heute Morgen schon einmal getroffen. Der Anlass war ein wichtiger Mosaikstein für die Internationale Bauausstellung in Hamburg. Wir haben gemeinsam den Baubeginn für das „Weltquartier" begangen, das ist ein Modellprojekt für interkulturelles Wohnen in Wilhelmsburg. Ich glaube, interkulturelles Wohnen stellt für die Stadtentwicklungspolitik – gerade in großen Metropolen – eine ganz zentrale Herausforderung dar. Deswegen war und ist dieser Baubeginn heute ein sehr positives Signal für unsere IBA. Und ich hoffe sehr, dass das Jahr 2009 ein Jahr sein wird, in dem es auf der Elbinsel noch viele Spatenstiche geben wird.

Die Internationale Bauausstellung in Hamburg ist also im Augenblick in einer entscheidenden Phase und es ist sicherlich ein guter Zeitpunkt, einen fachlichen Austausch zu suchen – gerade mit Ihnen, die sich auch in anderen Städten und Regionen mit der Durchführung einer Internationalen Bauausstellung befassen. Es gilt, den Austausch darüber zu suchen, was eine IBA ist, was sie leisten kann und welches Potenzial in diesem Konzept für andere Städte und Regionen stecken kann.

In Hamburg wollen wir mit der Internationalen Bauausstellung ein großes Stadtentwicklungsvorhaben realisieren, den „Sprung über die Elbe" auf die Elbinseln Wilhelmsburg und Veddel bis hin zum Harburger Binnenhafen. Orten, die mit vielerlei Problemen beladen sind: zerschnitten von großen Straßen- und Schienensträngen, geprägt von der kulturellen Vielfalt der Bewohnerinnen und Bewohner aus über 40 Nationen, davon einer Vielzahl von Menschen ohne Arbeit und mit niedrigem Bildungsniveau. Lange Zeit galten die Stadtteile als „Hinterhof" Hamburgs, obwohl die Elbinseln geografisch im Herzen der Stadt liegen.

Ich halte es für eine sehr glückliche Entscheidung für unsere Stadt, den „Sprung über die Elbe" in Gestalt einer Internationalen

Vorherige Seite: Teilnehmer des Forums in der Werkstattschau „IBA at WORK" am Berta-Kröger-Platz in Hamburg-Wilhelmsburg

Bauausstellung anzugehen. Und ich bin mir sicher: Die Elbinsel und die Entwicklung der Gesamtstadt werden davon enorm profitieren.

Entwicklungsprozesse im Rahmen einer IBA zu durchlaufen bedeutet, sowohl jedes Einzelprojekt als auch den Gesamtprozess an hohen Ansprüchen zu messen. Damit wird eine ganze Reihe praktischer Fragen aufgeworfen, die sich im normalen Alltagsgeschäft womöglich nicht gestellt hätten. Wie organisiert man ein solch komplexes Projekt? Wie macht man die bürokratischen Strukturen für einen in vieler Hinsicht experimentellen Prozess überhaupt gängig? Wie können neuartige Formen der Beteiligung organisiert werden? Oder: Wie schaffen wir es, die IBA zu einer Angelegenheit der ganzen Stadt zu machen? Ich glaube, dass wir in Hamburg zu diesen Fragen durchaus bereits etwas sagen können – aber natürlich ist der Lernprozess nie abgeschlossen. Darum verspreche ich mir von dieser Veranstaltung auch wichtige Impulse für unser Vorhaben hier in Hamburg.

Über dem Forum „IBA meets IBA" steht auch die Frage: Was ist eine IBA? Ich glaube, der Umstand, dass wir diese Frage stellen, oder besser gesagt: stellen können, ist auch etwas, was eine Internationale Bauausstellung auszeichnet. Geht es bei Internationalen Bauausstellungen doch auch immer um eine Vision, um einen hohen Qualitätsanspruch des Städtebaus. Gleichzeitig geht es aber wie bei jeder Internationalen Bauausstellung darum, dass am Ende auch tatsächlich gebaut wird. Sprich: Es geht nicht nur um die Idealstadt, sondern immer auch um das Machbare, um das, was an einem konkreten Ort, zu einem bestimmten Zeitpunkt und in einem bestimmten Zeitraum faktisch möglich ist. Ich glaube, dass dieser Spannungsbogen zwischen Visionärem und Machbarem das ist, woraus die Idee der IBA ihre Kraft bezieht. Und es ist gerade auch diese Spannung, mit der es immer wieder gelingt, die Menschen zu erreichen.

In diesem Sinne wünsche ich mir für uns alle einen inspirierenden Kongress. Vielen Dank für Ihre Aufmerksamkeit.

Wilhelmsburg zwischen Norder- und Süderelbe und seine Lage in der Gesamtstadt

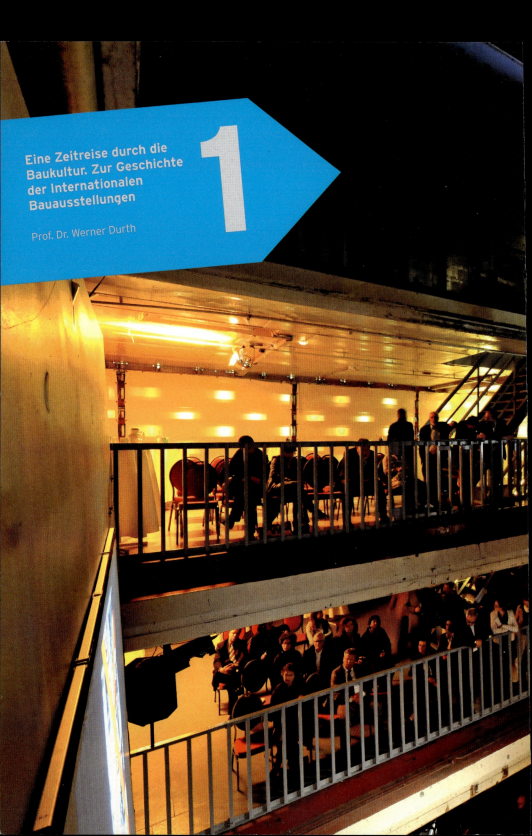

1
Eine Zeitreise durch die Baukultur. Zur Geschichte der Internationalen Bauausstellungen

Prof. Dr. Werner Durth

Prof. Dr. Werner Durth
Professor für Geschichte und Theorie
der Architektur an der TU Darmstadt
Professor of History and Theory of
Architecture, Technical University of
Darmstadt

A Time Journey through Architecture. About the History of International Building Exhibitions (Abstract)

International Building Exhibitions (IBA) have a long tradition in Germany that began in Darmstadt in 1901. So just as back then the exemplary artist colony of Mathildenhöhe was created in Art Nouveau style, since then every IBA has provided contemporary answers to urgent urban development questions. Whilst right from the start it was above all about the exhibition of new architecture styles and forms of housing, over the course of the IBA's one hundred year history, the range of tasks has become broader and broader, and the intervals between individual IBA have become shorter and shorter. Since IBA Berlin 1987 alongside exhibiting new architecture the focus has also increasingly shifted towards the "renovation" of districts, whole cities, and ultimately regions.

1

Ich möchte das Forum „IBA meets IBA" mit einer Einführung in die Geschichte der Internationalen Bauausstellungen beginnen: Als erste IBA gilt die Ausstellung „Ein Dokument deutscher Kunst" 1901 in Darmstadt. Zu verdanken war sie dem jungen Großherzog von Hessen, Ernst Ludwig. Als Enkel von Queen Victoria hatte er einen Teil seiner Kindheit in England verbracht und dort die Anfänge der Reformbewegung *Arts and Crafts* erlebt, in der junge Künstler mit allen akademischen Traditionen brechen und aus den Schönheiten der Natur ihre eigenen Ideen für eine neue Schönheit der Umwelt gewinnen wollten. In Künstlergemeinschaften entstanden dort Stoffe, Möbel und schließlich auch neue Häuser besonderer Art, die den Großherzog faszinierten.

An allen Entwicklungen der Kunst interessiert, besuchte Ernst Ludwig auch die jungen Rebellen in Wien, die sich dort 1898 um die Maler Gustav Klimt und Egon Schiele zur Künstlergruppe *Secession* zusammengeschlossen hatten: Sie wollten nicht mehr nur Leinwand bemalen, sondern eine neue Welt gestalten. „Eine Stadt müssen wir erbauen, eine ganze Stadt! Alles Andere ist nichts!", forderte damals der Architekt Joseph Maria Olbrich, der seinen Secessions-Freunden ein Ausstellungshaus entworfen hatte, das wegen seiner schlichten Form aus Würfel und Kugel bis heute als Ikone der Moderne gilt.

Darmstadt 1901 – die erste „Internationale Bauausstellung"
Olbrichs Wunsch nach einer neuen Einheit von Kunst und Leben, Natur und Wohnkultur sollte sich rasch erfüllen. Noch im selben Jahr, 1898, holte ihn der Großherzog nach Darmstadt, zur Gründung und zum Bau einer Künstlerkolonie. Hier verwirklichte er seinen Traum von einer Stadt im Grünen und errichtete Wohnhäuser sowie ein Gemeinschaftsatelier für die Künstler, die mit ihren Entwürfen dem Kunstgewerbe und der Möbelindustrie neue Impulse geben sollten. Die Besucher kamen in Scharen nach Darmstadt, als im Mai 1901 die große Ausstellung auf der Mathildenhöhe eröffnet wurde, nur etwa zehn Minuten Fußweg von der Stadtmitte entfernt. In der Ausstellungshalle gegenüber dem Atelierbau wurden die auf dem Hügel entworfenen und in hessischen Werkstätten hergestellten Produkte verkauft.

Vorherige Seite:
Forum „IBA meets IBA" – Abendempfang auf dem Museumsschiff Cap San Diego im Hamburger Hafen am 4. Juni 2009

Als Star eines neuen Stils galt zu jener Zeit der Belgier Henry van de Velde. Ihm missfiel, was er in Darmstadt sah: „Dégoutant" fand er die überschwängliche Formenlust Olbrichs. Er wird mit den Worten zitiert: „Was diese Leute da gemacht haben, ist genau das Gegenteil dessen, was wir wollen." Das einzige Haus, das van der Velde wohl gelten ließ, hatte der Maler Peter Behrens entworfen, der als Grafiker in die Künstlerkolonie berufen worden war und hier erstmals als Architekt dilettierte. Vor allem sein Haus machte wegen der auffallend schlichten Form Furore. Im Inneren war von den Stühlen, Tellern und Tassen bis hin zum Tischtuch aus Damast „alles von demselben Geist beherrscht", wie Olbrich zuvor gefordert hatte. Gleichsam über Nacht wurde Behrens zum Star und 1907 Chefdesigner der Firma AEG, für die er vom Briefkopf über Plakate und Produkte wie Lampen und Ventilatoren schließlich auch die Fabriken entwarf. Man könnte ihn als Erfinder des Corporate Design bezeichnen. Tatsächlich wurde er zum Pionier der Industriekultur des 20. Jahrhunderts, besonders berühmt das Turbinenwerk, an dessen Planung als junge Praktikanten bereits Walter Gropius und Ludwig Mies van der Rohe mitwirkten, bewundert von einem jungen Gast aus der Schweiz, der sich später den Namen Le Corbusier gab.

Stuttgart 1925: die „Neue Sachlichkeit" des Wohnungsbaus
Bei aller Kritik: Der Impuls aus Darmstadt wirkte weiter. 1907 schlossen sich Olbrich, Behrens und van der Velde mit anderen Architekten und bildenden Künstlern, aber auch mit einflussreichen Politikern und Industriellen zum Deutschen Werkbund zusammen, um durch neue Formen der Produktgestaltung und der gebauten Umwelt der industriellen Zivilisation eine durchgängig zeitgemäße Gestalt zu geben, über alle Maßstabsebenen hinweg – „Vom Sofakissen zum Städtebau". 1914 wurde in Köln eine erste Leistungsbilanz des Bundes präsentiert, und gut zehn Jahre später folgte die Ausstellung „Die Wohnung" in Stuttgart. Sie kann als zweite Internationale Bauausstellung bezeichnet werden.
Wieder ging es um Lebensreform, wieder um den Kampf gegen die Banalität der Rückständigkeit. „Weg mit dem alten Plunder!", rief das Plakat, das der Maler Willi Baumeister gestaltet hatte: „Schluß mit

Plakat „Ausstellung der Künstler-Kolonie 1901", Joseph Maria Olbrich

Plakat „Bauausstellung Stuttgart 1924", Hermann Mistler

der alten Gemütlichkeit!" – eine Provokation, ein Affront gegen die bürgerliche Welt. Der Deutsche Werkbund vertraute 1925 einem jungen Architekten die Planung einer Versuchssiedlung an, in der neueste Materialien und Technologien für kostengünstigen Wohnungsbau erprobt werden konnten. Es war Ludwig Mies van der Rohe, ein ehemaliger Mitarbeiter von Peter Behrens, der die Aufgabe übernahm, einen gänzlich neuen Siedlungstyp zu entwerfen. So konnten Architekten aus ganz Europa als Protagonisten des Neuen Bauens ihre neuesten Erkenntnisse in Bautechnik, Ökonomie und Wohnform anwenden und experimentell erproben, als *Neue Sachlichkeit* proklamiert.

Mies van der Rohe selbst baute ein mehrgeschossiges Wohnhaus in einer Stahlskelettkonstruktion, mit flexiblen Wohnungsgrundrissen für unterschiedliche Haushaltstypen. Am Hang unterhalb dieser Wohnhausscheibe entstand nach dem Entwurf Le Corbusiers ein Doppelwohnhaus auf Stützen, eine viel beachtete Sensation dieser Ausstellung, und in Kontrast dazu das skulpturale Haus Hans Scharouns als Dokument der nun sogenannten „organhaften" Architektur.

Die Ausstellung war ein Riesenerfolg. Zu Tausenden kamen die Besucher nach Stuttgart. Selbst die Gegner des Projekts, die konservativen Kollegen der Stuttgarter Hochschule, konnten ihren Respekt nicht versagen.

Ost-Berlin 1951 und West-Berlin 1957 – Wettstreit der Systeme

In radikaler Abkehr vom alten Berlin plante nach der Zerstörung der Metropole ab 1945 Hans Scharoun mit seinem sogenannten *Planungskollektiv* eine neue Stadt auf neuem Grundriss – als Bandstadt mit grüner Mitte, in der frisches Gras über die Trümmer untergegangener Pracht wachsen sollte. Hier sollte nun nach dem Leitbild der *Stadtlandschaft* eine Versöhnung von Stadt und Natur erfolgen. In aufgelockerter Bauweise sollten anstelle düsterer Mietskasernen schlichte Siedlungsbauten unterschiedlichen Typs in diese Parklandschaft eingefügt werden. Trotz Kaltem Krieg und der Teilung der Stadt wurde über die Sektorengrenzen hinweg ein neues Berlin geplant, und selbst während der Luftbrückenzeit wurden trotz ärgster Not erste Häuser nach dem sogenannten *Kollektivplan* in Auftrag gegeben und 1949 gebaut. Erst die Teilung Deutschlands in zwei Slaaten beendete das Projekt. Nach Entscheidung Stalins sollte die Hauptstadt der DDR in alter Pracht, doch mit noch monumentaleren Bauten wiedererstehen. Bald kam es in Berlin zu einem städtebaulichen Wettstreit der Systeme: Mit dem an Schinkel erinnernden Hochhaus an der Weberwiese setzte der Architekt Hermann Henselmann 1951 ein erstes Zeichen für die Wiederbelebung nationaler Bautraditionen, dann folgte der Bau der Stalinallee mit repräsentativem Stadteingang. Im Westteil der Stadt wurde ein Wettbewerb ausgeschrieben, der die Idee der aufgelockerten Stadtlandschaft umsetzen und mit moderner Architektur ein Gegenbild zur Stalinallee mit ihren Großbauten im historischen Stilkleid aufzeigen sollte. Aus dem Wettbewerb erwuchs der politisch motivierte Beschluss zu einer Bauausstellung im Bezirk Tiergarten. Eine Internationale Bauausstellung sollte mit prominenten Architekten aus aller Welt im „Schaufenster des Westens" den Anschluss an die internationalen Tendenzen moderner Architektur demonstrieren. So entstand unter Mitwirkung der damals bekanntesten Architekten der Welt die Interbau 1957, die mehr als eine Million Besucher anzog. Auch wenn diese Interbau nicht unmittelbar als Werkbund-Ausstellung galt, wurde sie doch vom Bundespräsidenten Theodor Heuss, der selbst einmal Sekretär des Werkbundes gewesen war, in direkten Bezug zur Weißenhofsiedlung in Stuttgart gesetzt. Heuss erklärte: „Vor ein paar Jahrzehnten war in der Stuttgarter Werkbund-Ausstellung wohl zum ersten Mal der Versuch gemacht worden, eine auf das Einzelwohnhaus bedachte Siedlung in die Hand einer Vielzahl von Architekten zu geben." Voller Stolz auf die wieder erreichte Beteiligung ausländischer Architekten fügte Heuss hinzu: „Die Holländer waren dazu eingeladen, auch damals schon Le Corbusier."

Wiederbelebung der Zentren – auf dem Weg zur IBA Berlin 1987
Doch auch die von der Interbau postulierte *aufgelockerte Stadt* provozierte alsbald Widerspruch: 1959 kritisierte der Werkbund die große Landzerstörung durch Zersiedlung der Natur im Wiederaufbau. Forderungen nach verdichtetem Wohnungsbau, Wiederbelebung der Zentren und neue Formen der Stadtkultur wurden diskutiert. In den 60er Jahren wurden unter dem Vorwand der Sanierung vorhandene Stadtstrukturen zerstört und profitablem Neubau geopfert. In Berlin und in Frankfurt am Main kam es zu ersten Hausbesetzungen,

Sonderschau „die stadt von morgen", Teil des Dioramas der zukünftigen Stadt, Zeichnung von Oswald Meichsner (genannt Oswin), Berlin 1957

Häuserkämpfen und zu Straßenschlachten um die Erhaltung des historischen Baubestands. Anfang der 70er Jahre wurden weltweit die „Grenzen des Wachstums" zum Thema: Die gleichnamige Studie des Club of Rome zur Gefährdung der natürlichen Lebensgrundlagen war international ein Bestseller und warb für das Prinzip Recycling auch im Bauen. Die Protestbewegung gegen die Mechanik von Abriss und Neubau erreichte ihren Höhepunkt in der Europäischen Kampagne zum Denkmalschutzjahr 1975.

Im selben Jahr wurde in Berlin ein Wettbewerb vorbereitet, in dem nicht nur Architekten und Stadtplaner, sondern auch Sozialarbeiter, Bürgerinitiativen und die Bewohner selbst ihre „Strategien für Kreuzberg" zur Rettung dieses bedrohten Stadtteils einsenden konnten. Unter dem Schlagwort „Kaputte Stadt retten" wurde ab 1977 eine IBA anderer Art vorbereitet. Jetzt ging es nicht mehr allein um eine

Ausstellung innovativer Architektur, sondern primär um Erhaltung und Transformation des Bestands bei Sicherung der sozialen Strukturen und des über Jahrzehnte gewachsenen Milieus von Quartieren. Zu den Fragen der Baukultur kamen nun Forderungen nach einer neuen Qualität von Planungsprozessen und Partizipation der Bewohner, zu Fragen des Neubaus die Forderung nach einem angemessenen Umgang mit dem baukulturellen Erbe der Städte.

„IBA Alt" und „IBA Neu" 1987 in Berlin
So teilte sich die IBA Berlin bald auf in eine „IBA Alt", die sich auf der einen Seite unter dem Motto der *Behutsamen Stadterneuerung* vor allem der Bestandssicherung und -ergänzung widmete, und andererseits in eine „IBA Neu", die sich der Aufgabe stellte, auf dem

vom Bombenkrieg ausradierten Stadtgrundriss neue Bauformen in historisch reflektierter Typologie zu errichten. Freilich wurde auch in der IBA Alt neu gebaut, indem Blockränder wieder geschlossen, Baulücken, Höfe, Straßen und Plätze umgestaltet und für neue Formen der Aneignung alter Quartiere vorbereitet wurden. In der IBA Neu hingegen wurden erstmals wieder programmatisch ganze Blöcke neu errichtet, in Wiederherstellung von Stadtgrundriss und Baukubatur und unter dem Schlagwort einer *Kritischen Rekonstruktion* der Stadt. Eine erste Vision dazu hatte 1977 der Architekt Rob Krier skizziert, der auch die Koordination der ersten Projekte übernahm, unter Leitung von Josef Paul Kleihues in der IBA Neu, während Hardt-Waltherr Hämer für die IBA Alt zuständig war.

Die von Hämer und seinem Team erarbeiteten *Zwölf Grundsätze behutsamer Stadterneuerung* verbreiteten sich als Handlungsanleitung bald auch in anderen Städten, dann auch im Ausland bis in die USA. Die Berliner Beispiele galten fortan als Pilotprojekte in einem Lernprozess, der zu einem tiefgreifenden Wandel der Planungskultur nicht nur in Deutschland führte. Dazu trug auch das von Kleihues proklamierte Konzept der Kritischen Rekonstruktion bei, nach dem beispielsweise in Kassel die im Krieg zerstörte Untere Neustadt in neuen Bauformen wieder hergestellt wurde.

IBA Emscher Park 1999: Instrument für den Strukturwandel
Verbunden mit der 750-Jahr-Feier Berlins zog die Präsentation der IBA-Ergebnisse 1987 wieder Besucher aus aller Welt nach Berlin, darunter auch den nordrhein-westfälischen Bauminister Christoph Zöpel und seinen Abteilungsleiter Karl Ganser. Auf der Suche nach neuen Wegen nachhaltiger Strukturpolitik setzten sie ab 1987 die IBA Emscher Park in Gang. Sie wurde im Mai 1988 mit einem Memorandum begründet, in dem zunächst die Probleme benannt waren, an denen diese IBA auf einer Fläche von über 800 Quadratkilometern ansetzen sollte: „Ein wesentlicher Standortnachteil des Ruhrgebiets liegt im Mangel an Freiraum, an Landschaft und an Stadtqualität – verbunden mit großen Umweltbelastungen als Folge der raschen und größtenteils ungesteuerten Industrialisierung. Ohne den ökologischen Umbau dieser alten Industrielandschaft wird daher die ökonomische Entwicklung nicht

„Unser Lebensraum braucht Schutz. Denkmalschutz.", Publikation des Deutschen Nationalkomitees, 1975

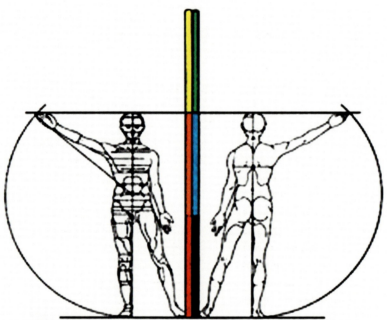

gelingen. Die Qualität von Stadt und Landschaft wird in Zukunft zu einer entscheidenden Rahmenbedingung für die Entwicklung von Regionen." Ziel war es unter anderem, „Landschaft wieder aufzubauen und neue Stadtqualitäten zu schaffen, um auf dieser Grundlage neue Möglichkeiten für Arbeit, Kultur und Wohnen zu eröffnen".

Im Bewusstsein regionaler Traditionen und der Reformbewegungen früherer Epochen wurde auf die Mobilisierung der nun sogenannten „endogenen Potenziale" und damit auch auf eine Stärkung des Selbstbewusstseins der Bewohner gesetzt. Dabei sollten die im Zuge des industriellen Wandels entstandenen Brachflächen und die gebauten Dokumente der Industriekultur, die bisher als vereinzelte Mosaiksteine unverbunden nebeneinander lagen, neu gestaltet werden. Die Zeche Zollverein zum Beispiel wurde mit neuen Einrichtungen ausgestattet und bald weltweit bekannt als Industriedenkmal mit kultureller Nutzung, schließlich sogar zum UNESCO-Weltkulturerbe erklärt. Im „Laboratorium Emscher Park" wurde durch die Verknüpfung von Landschaftsräumen zu einem durchgehenden Ost-West-Grünzug parallel zu Emscher- und Rhein-Herne-Kanal die Vision eines Landschaftsparks Wirklichkeit, akzentuiert durch weithin sichtbare Landmarken.

Die Vielfalt der lokalen IBA-Projekte, darunter auch Beispiele innovativer Architektur und energieeffizienten Bauens, zog Besucher aus aller Welt an. Indem diese IBA von Anbeginn nicht als Motor zur Umsetzung eines zuvor fixierten Planungskonzepts, sondern als Initiator komplexer Transformationsprozesse mit offenem Ausgang angelegt war, unterschied sie sich von allen vorausgegangenen Bauausstellungen mit ihrem mehr oder minder missionarischen Charakter.

Die IBA Emscher Park bildete den Auftakt einer Reihe „lernender" Bauausstellungen, bei denen nicht mehr die Realisierung einzelner Großvorhaben im Mittelpunkt stand, sondern die Förderung und Begleitung eines Erneuerungsprozesses, der auf Innovation und Improvisation zielte. Mit ihrer auch international beachteten Strategie zur Steuerung des Strukturwandels in einer alternden Industrieregion wurde diese IBA zum Vorbild nachfolgender Bauausstellungen, die sich inzwischen auch andernorts mit der Transformation von Stadt und Landschaft in den von Deindustrialisierung und demografischem Wandel am stärksten betroffenen Regionen im Osten Deutschlands beschäftigen.

Logo der Internationalen Bauausstellung Berlin 1987

Die aktuellen IBA in Brandenburg, Sachsen-Anhalt und Hamburg

Als Geschäftsführer und *spiritus rector* der IBA im Ruhrgebiet wurde Karl Ganser in die Lausitz eingeladen, in eine vom Braunkohletagebau geschundene Region. 1997 war er Mitglied im Gründungskuratorium der Internationalen Bauausstellung Fürst-Pückler-Land, die unter dem Motto „Wiederaufbau einer zerstörten Landschaft – Werkstatt für neue Landschaften in der Lausitz" die regionale Reichweite noch weiter ausspannte als die IBA Emscher Park.

„Noch nie in der 100-jährigen Geschichte der Bauausstellungen wurde die Zukunftsgestaltung einer ländlichen Region in der Zeit nach einer harten industriellen Überformung mit großflächigen Landschaftseingriffen gewählt", hieß es im Memorandum zu dieser IBA. „Alle bisherigen Bauausstellungen waren mit Fragestellungen in großen Agglomerationen verbunden." Unter dem Anspruch, „das ökologische und gestalterische Profil der Region" im Spannungsfeld zwischen Wildnis und Kunst neu zu bestimmen, soll die Ausprägung neuer Landschaften die Lausitz für den Tourismus attraktiv machen und dem Arbeitsmarkt neue Impulse geben.

Ein Ort der Internationalen Bauausstellung Emscher Park: Stahlwerk Duisburg-Meiderich, 1988

Gleichzeitig zu dieser IBA und ebenfalls mit dem Abschluss- und Präsentationsjahr 2010 läuft gegenwärtig die IBA Stadtumbau in Sachsen-Anhalt. Hier geht es darum, insbesondere die von Abwanderung bedrohten Klein- und Mittelstädte zu stärken und ihnen ein jeweils eigenständiges Profil zu geben – etwa der Lutherstadt Eisleben, die durch Erweiterung des Geburtshauses Martin Luthers um ein Besuchs- und Ausstellungszentrum eine neue Attraktion erhielt. Die Stationen einer Zeitreise durch die über 100-jährige IBA-Geschichte rücken immer näher zusammen. Lagen sie früher noch um rund drei Jahrzehnte auseinander, folgten schon die IBA Berlin und Emscher Park unmittelbar aufeinander. Inzwischen überschneiden sich die beiden IBA im Osten Deutschlands und die IBA Hamburg, die das Netzwerk „IBA meets IBA" initiiert und damit die Gleichzeitigkeit der Projekte zum Thema gemacht hat. Diese IBA widmet sich den drängenden Fragen der Metropolen von morgen. Kosmopolis – Wie kann eine immer internationaler werdende Stadtgesellschaft mit ihren Potenzialen umgehen? Metrozonen – Welche städtebaulichen Möglichkeiten stecken in den Grenz- und Übergangsorten? Stadt im Klimawandel – Wie kann eine Metropole ihren Bedarf an Energie und Komfort befriedigen und dennoch die natürlichen Ressourcen schonen? Inzwischen wird zum Beispiel in Basel grenzüberschreitend eine trinationale IBA vorbereitet, in Heidelberg eine IBA zur Wissenschaftsregion Rhein-Neckar geplant und in Frankfurt die IBA Rhein-Main diskutiert. Skeptiker befürchten eine Inflation und Entwertung des Begriffs und damit den Bedeutungsverlust dieses besonderen Merkmals und Instruments deutscher Planungskultur. Optimisten hingegen sehen in den neuen Initiativen eine Fülle zukunftweisender Anregungen, die allerdings synergetisch miteinander in Kontakt kommen sollten: auch deshalb „IBA meets IBA".

Kurzfassung des Vortrags auf dem Forum „IBA meets IBA", Hamburg 2009. Ausführlich und mit Literaturhinweisen in: Werner Durth/Paul Sigel: *Baukultur. Spiegel gesellschaftlichen Wandels*, jovis Verlag Berlin 2009

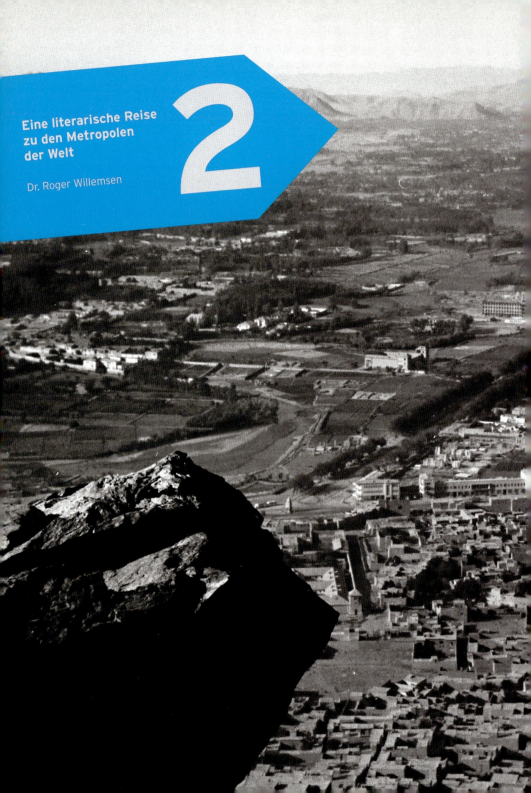

2

Eine literarische Reise zu den Metropolen der Welt

Dr. Roger Willemsen

Dr. Roger Willemsen
Publizist, Autor, Essayist, Hamburg
Author and journalist, Hamburg

A Literary Journey to the World's Metropoles
(Abstract)

"Cities accumulate experiences," says author Roger Willemsen, and he episodically reports on the experiences he has had in different cities on every continent: Kabul, a city "which consists of nothing else but a history of suffering. A city where you can find out what it means, as the Afghans say, when a fist opens up again and becomes a hand for the first time." A city in which children are playing again. Or the city of New York which "in many respects represents the past of our future." Or "faceless" Tokyo: "You cannot see any historical buildings as they are immediately disposed of." In complete contrast Minsk, which was rebuilt after the destruction of the Soviet Union in the war: "You walk through a ghost town knowing that on the one hand you are walking through history and on the other hand history is being denied here."

2

Der Komponist Arnold Schönberg, meine Damen und Herren, stritt sich einmal mit einem jungen Mann über Kunst. Im Verlauf dieses Gespräches sagte der Mann unvorsichtigerweise: „Das kann ich beweisen." Daraufhin sagte Schönberg: „In der Kunst kann man überhaupt nichts beweisen." Dann machte er eine Pause und sagte: „Und wenn, dann nicht Sie." Und dann machte er noch eine Pause und sagte: „Und wenn Sie, dann nicht mehr."

Ich befürchte, in dieser Geschichte sind Sie Schönberg und ich bin der junge Mann. Denn ich verstehe wenig von dem, was Sie so tagtäglich treiben. Aber ich bin ein Profiteur von dem, was Sie treiben. Sie haben Zukunftshoffnung, Sie bewegen unglaubliche Massen an Beton, Stein und Ideen und ich kann Ihnen nur meinen Respekt zollen, dass Sie in dieser Weise ein Gegenbild zu dem schaffen, was ich im Kopf hatte.

Ich werde gleichwohl der junge Mann bleiben müssen, denn ich versuche, Ihnen nahezulegen, dass Städte aus vielem bestehen. Dass sie natürlich aus Architektur bestehen, dass sie Wohnmaschinen versammeln, dass sie Bedürfnisse decken, dass sie gewissen ungesunden Bedürfnissen auf ungesunde Weise entgegenkommen, dass sie Verwahrlosungsräume schaffen. Aber Städte sind noch sehr viel mehr.

Wenn man Städte bereist, bereist man auch Erfahrung. Man bereist in ihnen sogar alle Erfahrung, die jemals an einem Ort gemacht wurde. Man könnte versuchen, herauszubekommen, wie sehr die Sensibilität eines Individuums sich immer in Verbindung zu all dem setzt, was in einer Stadt an Erfahrung akkumuliert wurde. Es heißt also, dass wir den großzügigen Flaneur ebenso brauchen wie den Bewohner einer Stadt. Den Flaneur, der anfängt, durch eine Stadt zu gehen – großzügig deshalb, weil er an allen Lebensfreuden teilnimmt, die ihm nichts nützen werden, die nichts anderes tun, als seine Netzhaut zu belichten und die hoffentlich in irgendeiner Weise eine Spur in seiner Erfahrung hinterlassen werden. Ich wäre gerne dieser Flaneur für Sie und ich würde Ihnen gerne – wenigstens in Teilen – Episoden, eigentlich nur Miniaturen, aus großen Städten nahebringen, die ich bereist habe und die auf gewisse Weise Spuren hinterlassen haben.

Die erste Stadt, die ich Ihnen nahebringen will, ist eine traurige Stadt und eine Stadt, die sich mir zunächst im Medium der Sehnsucht vermittelt hat. Diese Stadt war so etwas wie meine „Blaue Blume". Sie wissen,

Vorherige Seite:
Luftbild von Kabul
(Afghanistan), 1960

es gibt überall auf der Welt mythische Städte – Saigon, Havanna, Dakar, Surabaya. Städte, die Aura haben, die etwas umschwirrt, die etwas vermuten. Und für mich war diese Stadt Kabul. Es war deshalb Kabul, weil ich zugegen war, als der Bruder meiner ersten Jugendliebe nach Hause kam, nach einem Jahr in Afghanistan, mit verfilzten Haaren und verwildertem Augenausdruck und kleinen Spiegeln, die in eine rot-samtene Weste eingewebt waren. Er ging durch die spießige Hochhaussiedlung seiner Eltern und sagte immer nur: „So lebt ihr also. So lebt ihr also." Und ich wollte unbedingt da hingehen, wo man von dem Fahrtwind solcher Sehnsucht erreicht wird. Und wo man die Schubkraft einer solchen Erfahrung am eigenen Leibe erfährt.

Kabul ist eine Wunde. Sie ist wie eine verschorfte Wunde. Sie ist wie eine in den Dreck gekratzte Struktur. Es ist schon eine Wunde, wenn Sie noch ganz weit oben in der Luft sind. Von dort sehen Sie die Struktur einer Stadt, die im Grunde für 50.000 Personen gebaut worden ist. Eine Stadt, in der Kutschen gefahren sind und Frauen im Bikini gebadet haben. In der auf der einen Seite in den Palais die Sikhs mit ihren langen blonden Haaren im Fenster saßen und auf der anderen Seite in den Koranschulen junge Islamisten sich mantraartig ihre Suren vorgesagt haben und in der Mitte die Mädchen Baseball spielten. In der ein paar auf einer Endlosschleife des Bekifftseins reisende Deutsche keine Störung mehr bildeten, sondern die liberalste Form des Islam eine Heimat gehabt hat. Diese Stadt ist inzwischen aufgebläht zu einer Stadt von etwa fünf Millionen Einwohnern. Eine Stadt ohne Kanalisation, eine Stadt ohne nennenswerte Infrastruktur, ohne besondere medizinische Versorgung. Eine Stadt, die bombardiert worden ist nach dem 11. September, auch wenn kein einziger für das Attentat Verantwortlicher je dort gefunden wurde. Aber zumindest hat man vier Krankenhäuser in Schutt und Asche gelegt. Eine Stadt, die aus nichts anderem besteht als Leidensgeschichte. Eine Stadt, in der man lernen kann, was es bedeutet, wie die Afghanen sagen, wenn sich eine Faust wieder öffnet und zum ersten Mal Hand wird.

Das heißt wir alle könnten in dieser Stadt erfahren, was es heißt, wenn Kultur beginnt. Und zwar nicht im materiellen Sinne. Nicht in dem Sinne, dass wir fragen: Wo sind die Bilder? Wo sind die Statuen? Wo sind die Bauwerke? Wo ist all dieses musikalische Archiv, das einmal so wichtig gewesen ist in Kabul? Nein, im immateriellen Sinn. Was ist Kultur, wenn wir von der Kultur des Tröstens, des Liebens, des Trauerns, des Nachdenkens, des Bitterseins, des Begehrens reden? Also von all den Dingen, die letztlich dazu da sind, Einsamkeit zu überbrücken, die die Kommunikation zwischen uns differenzierter, genauer machen. Die Wege begehbar machen, die sonst abgebrochen sind.

Und auf diese Stadt fliegen Sie zu und das erste, was Sie sehen, ist Kriegsgerät. Und Sie sehen zerbombte Häuserkomplexe und Sie sehen Panzer. Sie sehen Container, die nicht geleert werden konnten, weil die Waren, die da sind, für Afghanen gar nicht nutzbar zu machen sind. Sie sehen irgendwann später – und das sei auf der positiven Seite gesagt –, dass die Deutschen dort eines ihrer schönsten Kulturdenkmäler hinterlassen haben: das Verkehrsschild. Denn wo immer Sie hinkommen, wo deutsche Projekte sind, werden Sie Verkehrsschilder sehen. Der Afghane hat jetzt Zeit, sich Verkehrsschilder anzugucken. Er hat nie welche gesehen, er weiß auch nicht, was sie bedeuten. Meistens soll auf den Verkehrsschildern stehen: „Vorsicht! Fußgänger überqueren die Fahrbahn." Aber das tun sie überall in Afghanistan. Und wenn man davor warnt, dann gehen Sie gerade da nicht. Also sammeln sie sich unter den Verkehrsschildern und blicken die Verkehrsschilder an und meditieren und glauben, das sei ein von den Deutschen hinterlassenes Objekt der Kunst. Warum nicht? Noch dazu ist auf dem Verkehrsschild, das vor den laufenden Fußgängern warnt, immer ein Mädchen zu sehen, das fliegende Zöpfe hat. Ich habe in ganz Afghanistan kein Mädchen mit fliegenden Zöpfen gesehen. Also, was denkt der Afghane? Deutsche Gretchen überqueren die Fahrbahn? Und dafür soll ich halten?

Und ich komme an einen Ort in Kabul und plötzlich erkenne ich in einem schauderhaften Déjà-vu, was das für ein Ort ist. Es ist das Fußballstadion von Kabul. Und Sie gehen durch einen Torbogen und kommen in dieses Fußballstadion. Und plötzlich wird Ihnen klar, woher Sie das kennen. Das ist das Stadion, wo in der Halbzeit die Taliban die Gegner an der Torlatte aufgehängt haben. Das ist das Stadion, in dem Hinrichtungen stattgefunden haben.

Und es kommt irgendwann ein Mann, der ganz transzendent aussehend mit einem Schnurrbart und einem Adidasanzug neben Ihnen steht und sagt: „Ich bin der Trainer der afghanischen Frauennationalmannschaft."

Sie werden diesen Trainer angucken und fassungslos sein, dass es etwas gibt wie eine afghanische Fußballmannschaft. Und er wird sagen: „Da hinten, wo Sie den dunklen Fleck sehen, da haben die Taliban die Menschen immer hingerichtet. Wir haben seit einem Jahr versucht, dort Gras anzubauen, aber es wächst nicht an, es wächst nicht an." Und dann wendet er sich weg und seine Frau kommt zu einem und sagt: „Er ist traurig geworden darüber." Und ich erfahre später, traurig werden, das heißt: zwei Jahre lang in sein Wohnhaus gehen und die Wand angucken.

Und dann sehen Sie aus dieser Stadt herauskommend – das sei das letzte Bild aus Kabul – einen einzelnen Papierdrachen in hellblau. Und der Papierdrachen flattert von irgendeinem Dach im Wind, von einem Flachdach – und es gab eine ganze Kultur der Flachdächer in Kabul, wo die Menschen saßen, wo die Liebenden sich trafen, wo die Rosen getrocknet wurden, wo die Früchte ausgelegt wurden. Es waren die Musikanten, die dort gesessen haben und Musik gespielt haben. Und da haben früher auch die Kinder ihre Drachen steigen lassen, bis die Taliban das verboten. Und Sie sehen diesen einzelnen Drachen und merken: Gott sei Dank tut jemand etwas Sinnloses, etwas, was keinen Zweck verfolgt, etwas, was rein ornamental ist, etwas, was eine Geste des ästhetischen Erwachens ist. Eine Geste, die Ihnen plötzlich deshalb so viel bedeutet, weil sie so lange verboten, so lange unmöglich war und weil sie so einfach und unaufwändig zelebriert wird.

Und wenn Sie dort stehen, dann denken Sie an die andere Stadt, die mit diesem Kabul verbunden ist, schrecklich verbunden ist. Sie denken an New York. Denn wenn die Twin Towers in New York nicht gefallen, nicht bombardiert worden wären, wäre auch Afghanistan nicht bombardiert worden. Die Menschen in Afghanistan wussten sofort, als das in New York passiert war, dass es sie treffen würde. Ich habe selbst mit Taliban gesprochen, die daran litten, dass sie wussten, dass diese Attacken kommen würden. Und dann vergleichen Sie und sagen: „Dieses New York hat alles, es hat alle Kliniken. Es ist um den Begriff des Entertainment herum gebaut." Und trotzdem, was unterscheidet es?

New York ist eine fast wortlose Stadt, weil so wenig Information hin und her geht, weil so wenig gesprochen wird, weil so wenig erzählt wird, weil man sich so wenig Zeit nimmt für das, was mitzuteilen wäre. Es ist ein

Blick über Manhattan, New York – eine ganze Versammlung von Solitären

digitales Sprechen, das die Stadt New York in so vielen Kaufbefehlen, in so vielen Anweisungen, in so vielen Anwandlungen an den Kunden, aber nicht den Menschen, aus Ihnen herausprovoziert. Und dann denken Sie wieder, in Kabul sehen Sie einfache Schilder, auf denen es heißt „Keinen Abfall wegwerfen!" Oder auf denen bestimmte Dinge einfach in Form des Imperativs ausgesprochen werden. Was steht auf einem Mülleimer in New York? "Littering is filthy and selfish. So don't do it." Das ist eine kindliche Stadt, in der die Befehle kindlich sind.

Natürlich muss man New York lieben. Natürlich ist New York in vielerlei Hinsicht die Vergangenheit unserer Zukunft, weil wir lange Zeit gedacht haben, das sei die zukünftigste Stadt. Da sei der Entwurf am allerkühnsten. Und natürlich ist New York eine Stadt, die eine ganze Versammlung von Solitären hat, was das Architektonische angeht. Gleichwohl: Wenn ich selber sagen wollte, welche Stadt für mich die Zukunft gewesen ist, dann ist es immer noch eine der Städte, die mir deshalb so merkwürdig futuristisch vorkommen, weil sie an vielen Stellen so gestaltlos sind. Es ist eine Stadt, die für mich immer noch eine Lieblingsstadt ist, auch wenn es vielleicht schwer zugänglich ist, warum das so ist. Es ist Tokio.

Tokio ist eine Stadt, die vom Individualitätsprinzip nur flüchtig gestreift wird. Es verschwindet dort der Begriff des Monuments. Viele der Bauten sind – und das sei nicht dem Vorurteil über asiatisches Wohnen geschuldet – unambitioniert. Es sind Bauten, die manchmal wie Gefäße, wie Behälter in den Boden gesteckt sind. Es sind keine historischen Bauten zu finden, denn sie werden sofort wieder entsorgt. Es ist eine Stadt, die hocheffizient ist. Es ist eine vollkommen unverständliche Stadt, wie ich finde, und deshalb eine, die einen am stärksten sinnlich herausfordert, weil man in jedem Augenblick feststellen muss, was man nicht weiß, nicht begreift.

In dieser Stadt guckt Sie niemand an und zwar, weil es unhöflich ist, einem in die Augen zu gucken. Nach mehreren Tagen Tokio denken Sie, Sie sind unsichtbar. Sie schauen sich selbst dauernd an, weil Sie denken, es muss Masse an mir sein, ich muss wenigstens einen Schatten werfen. Sie werden in dieser Stadt allmählich vereinsamen, weil Sie aus vielen Lebensräumen ausgeschlossen werden, schon durch ihr Nichtverstehen. Sie sind eine groteske Figur. In der Vereinsamung,

Bauten, die wie Behälter in den Boden gesteckt sind: Tokio (Japan), 2007 die ich da erlebt habe, fiel mir auf, dass das Individualitätsprinzip das Frauenbein ist. Ich habe niemals eine Stadt auf so vielen krummen Frauenbeinen laufen sehen, wie das Tokio tut. Zwischen Söckchen und Rocksaum ist die Individualität, denn die Krümmung der Beine ist etwas sehr Ungewöhnliches. Und wenn Sie erst mal so eine abweichende Beobachtung gemacht haben, dann ahnen Sie, dass die Vereinsamung einen hohen Entwicklungsstand erreicht haben muss.

Ich könnte Ihnen den schlimmsten Ort nennen, den ich besucht habe und über den es wirklich nichts Komisches zu sagen gibt. Es ist ein Ort in Zentral-Kongo, es ist Kinshasa. Kinshasa, eine Stadt, die seit vielen Jahren unter dem Krieg fast zusammenbricht, die die düstere Kolonialgeschichte schultern muss. Wo man auf dem Flughafen Polstermöbel von entsetzlichstem deutschen Wohnzimmerdesign den Handelsweg nach Europa antreten sieht, während an der anderen Seite des Flughafens genau dieselben Möbel aus der Schweiz exportiert nach Kinshasa wieder zurückkommen und man dem ganzen Irrsinn des globalen Warenverkehrs zugucken kann.

Ich könnte Ihnen erzählen von den Prostituierten, die man auf den Straßen sieht. Die eine Form gefunden haben, ihr Make-up auf ihre AIDS-Erkrankung und deren Symptome abzustimmen, sodass sie ein merkwürdiges, totenähnliches Aussehen bekommen und man sie umso besser erkennt. Ich könnte Ihnen erzählen von den Kindersoldaten, die im Informationsministerium, in das ich eine Woche lang jeden Tag wegen einer Drehgenehmigung gehen musste, stehen und die nur noch einen Arm haben und in dem anderen Arm eine Maschinenpistole halten. Von einem Klima auf der Straße, das von Angst so sehr geprägt ist, dass niemand sich trauen wird, Sie auf den Balkon zu lassen. Denn es könnte sein, dass Sie ein Foto machen wollen und das tatsächlich machen. Und der Besitzer der Wohnung könnte für Wochen ins Gefängnis wandern und dort gefoltert werden. Ich könnte Ihnen erzählen von Straßenkreuzungen, von denen der ehemalige Präsident Kabila – jetzt ist sein Sohn im Amt, der ist nicht besser – die Menschen heruntergeschossen hat, wenn es darum ging, einen schnellen Weg zu seinem Palast zu finden.

Ich könnte Ihnen von Johannesburg erzählen, der Stadt, die von innen verfault. Wo Sie häufig das Gefühl haben, die Verslumung hat eigentlich

Kinshasa (Kongo), Luftbild aus dem Jahr 2000

innen begonnen und die Luxusviertel sind außen. Johannesburg geht es inzwischen besser. Aber als ich da war, da war die armseligste Spezies Mensch, die man innerhalb der Innenstädte finden konnte, weiße Prostituierte – die allerunterste Klasse der Menschheit, die es dort gibt. Frauen, die AIDS-krank sind und die deshalb mit jedem schlafen, der sie doch erhört und die häufig keine Schneidezähne mehr haben, weil das für bestimmte Techniken des Sexualverkehrs angenehmer ist für die Männer – jedenfalls wurde mir so gesagt.

Ich könnte Ihnen erzählen von Minsk, der Stadt in Weißrussland, die um nur eine Straße herum gebaut ist. Eine Stadt, die die Deutschen zerstört haben und die so stark vermint war, dass die Regierung gesagt hat: „Lasst sie uns 50 Kilometer entfernt wieder aufbauen!" Und die Stadt hat abgestimmt und gesagt: „Nein, hier wird sie aufgebaut." Und was ist entstanden? Eine Stadt, die aus einer achtspurigen Straße besteht, um die herum Häuser gebaut wurden, die ins 19. Jahrhundert gehören, aber in der Mitte des 20. Jahrhunderts errichtet wurden. Sie gehen durch eine Geisterstadt, wissend, dass Sie auf der einen Seite durch Historie gehen und auf der anderen Seite Historie gerade hier verneint wird.

Schließlich würde ich Ihnen am liebsten ein Bild geben von einer Stadt, die zu den verwunschensten gehört, die ich kennengelernt habe, auch wenn sie erst in den 1950er Jahren gebaut wurde. Sie befindet sich mitten im Dschungel von Borneo, heißt Palangkaraya, das ist die zentrale Hauptstadt von Kalimantan Tengah. Diese Stadt ist ausschließlich von Wasserstraßen umgeben und man kann sie nur mit Flugzeugen erreichen oder auf Kanus oder auf kleinen Booten. Die einzige Ausnahme ist ein wunderbares Stück sinnloser Architektur. Die Russen – wir verstehen die Russen ohnehin nur unvollkommen – die Russen haben dort 30 Kilometer Straße gebaut, die ehemals einen Nicht-Ort mit einem anderen Nicht-Ort verbanden. Und an diesem literarischen Motiv einer Straße, die ins Nichts führt, gibt es nur ein kleines Dschungelbordell, wo fünf Prostituierte Mau-Mau spielen und dann und wann eine Cola verkaufen an einen vorbeiziehenden Bauern. Ich bin die Straße ganz heruntergegangen und ganz wieder zurückgegangen.

Auf dieser Straße hat man mir irgendwann einen kleinen, kranken Orang-Utan übergeben und der hat mich so menschenähnlich

Johannesburg (Südafrika): Die Verslumung hat innen begonnen und die Luxusviertel sind außen. 2007

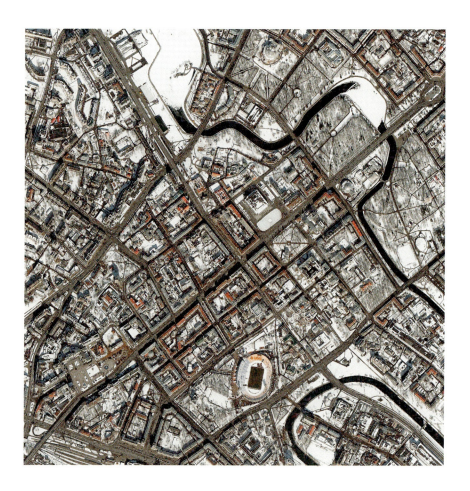

angesehen, dass ich in den nächsten Tagen mehr darauf achtete, wo ich affenähnlich bin, als darauf, wo er menschenähnlich ist. Als ich dann sah, dass er aus seinem Rektum eine ADAC-farbene Flüssigkeit entließ, bei deren Betrachtung ich sofort an die Packungsbeilage eines Anti-Durchfallmittels denken musste, wo es geheißen hatte, man solle das Präparat absetzen im Augenblick, wo der Stuhl gestaltet sei – und es ist die schönste Verwendung des Wortes gestaltet, an die ich mich erinnern kann – da hab ich gedacht, von so viel Scheiß aus musst du wieder zurück nach Hause.

Und deshalb sei ganz zuletzt geendet mit der Stadt, die meine Heimat ist und die Bonn heißt. Ich sage nichts zu Bonn, um Ihnen den Gefallen zu tun. Aber ich kann trotzdem sagen, dass ich, als ich versuchte, irgendwann mein Elternhaus wiederzufinden, ich an etwas gekommen bin, was zum hässlichsten Architektonischen gehört, was ich kenne. Da habe ich mich gefragt, wie ist das eigentlich, wenn jemand von seiner Heimat schwärmt und er findet dort, wo sein Elternhaus war, eine Autobahnbrücke. Was ist das eigentlich? Sagt er dann zu der Autobahnbrücke „meine Brücke", „meine Heimat"? Und wenn ein Karpfen im Waschbecken aufwächst, nennt er das Waschbecken dann „meine Heimat"?

Also, denken Sie nicht zuletzt daran, dass das, was Sie konstruieren, Heimaten sein werden. Dass es Räume sind, in denen Menschen sentimental gebunden werden durch alles, was Sie dort errichtet haben. Und wenn das auch ein sentimentaler Appell ist, dann passt er zum Ganzen. Gute Arbeit und vielen Dank.

Minsk (Weißrussland): Eine Stadt, die ins 19. Jahrhundert gehört – aber erst Mitte des 20. errichtet wurde. Luftbild, 2006

Die Zukunft Internationaler Bauausstellungen

3

Prof. Dr. Engelbert Lütke Daldrup

**Prof. Dr. Engelbert
Lütke Daldrup**
Staatssekretär des Bundesministeriums
für Verkehr, Bau und Stadtentwicklung
Secretary of State at the Federal Ministry of
Transport, Building, and Urban Development

The Future of International Building Exhibitions (Abstract)

"IBA meets IBA" is a process. Prior to this there was creative unease in view of the increasing number of International Building Exhibitions taking place at shorter and shorter intervals. IBA Hamburg therefore seized the initiative and triggered a national quality discussion about the prerequisites, criteria and requirements of International Building Exhibitions. The Federal Ministry of Transport, Building, and Urban Development is taking part in this discussion.
An advisory board of experts was created at the Ministry which is supporting the discussion and further development of the memorandum. At the same time an evaluation of current International Building Exhibitions was started which will enable comparison with innovative urban development tools in an international arena.

3

"IBA meets IBA" beschreibt einen Prozess. Diesem war ein kreatives Unwohlsein vorangegangen angesichts einer zunehmenden Zahl von in immer kürzeren Zeitabständen stattfindenden Internationalen Bauausstellungen. Die IBA Hamburg hat daraufhin die Initiative ergriffen und einen bundesweiten Qualitätsdiskurs über Voraussetzungen, Kriterien und inhaltliche Anforderungen einer Internationalen Bauausstellung angestoßen. Im Rahmen der Nationalen Stadtentwicklungspolitik wirkt das Bundesministerium für Verkehr, Bau und Stadtentwicklung (BMVBS) – neben vielen anderen Akteuren – an diesem Diskurs mit.
Eine wichtige inhaltliche Basis war das vom BMVBS beauftragte und von Prof. Dr. Werner Durth bearbeitete Forschungsvorhaben „Baukultur als Lernprozess". Es reflektiert die erfolgreichen Plattformen nationaler Selbstdarstellung und den permanenten Leitbildwandel baukultureller Aufgaben und Probleme der vergangenen Jahrzehnte, immer mit dem Ziel, Kriterien und Qualitäten für zukünftige Vorhaben vergleichbarer Art zu gewinnen und damit den baukulturellen Lernprozess gewinnbringend fortzusetzen.

IBA als Instrument der Stadtentwicklung

Wir haben in meinen Augen einen sehr erfolgreichen Prozess der Kriterienentwicklung für zukünftige Internationale Bauausstellungen hinter uns und eine Struktur geschaffen, die diesen Prozess mit Gewinn für die aktuellen und kommenden IBA verstetigt und für die Stadtentwicklung in Deutschland generell fruchtbar macht.
Internationale Bauausstellungen gehören zu den innovativsten und einflussreichsten Instrumenten der Stadtentwicklung in den letzten 100 Jahren in Deutschland. IBA stand immer für einen großen Schritt nach vorn, für eine Innovation, für eine von herkömmlichen Planungswegen abweichende, enorm kreative, organisatorische und inhaltliche Kraftanstrengung. Entsprechend lang waren bisher die Abstände, in denen Internationale Bauausstellungen stattfanden.
Grundsätzlich ist eine Internationale Bauausstellung ein städtisches, ein regionales Ereignis und liegt damit in der Obhut der Länder und Kommunen. Gleichwohl, der Föderalismus hält uns natürlich nicht davon ab, Erfahrungen auszutauschen und über Qualitäten in der Stadtentwicklung und deren Instrumente zu diskutieren und zu überlegen,

Vorherige Seite: Teilnehmer des Forums „IBA meets IBA" in der ‚Patriotischen Gesellschaft von 1765' am 5. Juni 2009 wie wir dauerhaft und über einzelne Internationale Bauausstellungen hinweg die Qualität dieses Instruments nicht nur erhalten, sondern weiter entwickeln.

Verabredung von Qualitätskriterien
Johannes Rau hat in seiner Rede als Bundespräsident auf dem ersten Konvent der Baukultur im Jahr 2003 gesagt: „Baukultur braucht Qualitätsmaßstäbe. Die Kriterien für Qualität lassen sich nicht normieren und reglementieren. Sie müssen im Dialog, im produktiven Streit immer wieder neu erarbeitet und im konkreten Fall abgewogen werden." Gleiches gilt für die Internationalen Bauausstellungen. Insbesondere die beiden Berliner Ausstellungen 1957 und 1987 und die IBA Emscher Park haben international Themen gesetzt. Diese Ausstellungen sind mehr oder weniger die Bürgen für unser heutiges Qualitätsverständnis einer Internationalen Bauausstellung.
Die IBA Hamburg ebenso wie die IBA Stadtumbau und die IBA Fürst-Pückler-Land bewegen sich in dieser Tradition und müssen sich natürlich auch an ihr messen lassen. Was unterscheidet diese drei IBA voneinander und worin liegen ihre Gemeinsamkeiten und damit Indizien für übergeordnete Qualitätskriterien? Wo liegt der Unterschied zu „normalen" größeren Stadtentwicklungsprojekten oder auch zu der ebenfalls 2010 stattfindenden Expo in Shanghai mit dem Titel „Better City, Better Life"? Und was ist das Internationale dieser Bauausstellungen? Kurz: Was macht eine Internationale Bauausstellung eigentlich zu dem, was sie sein soll?
Zunächst: Eine IBA ist ein Ausnahmezustand auf Zeit. Sie lebt von ihrem Reform-, Innovations- und Qualitätsanspruch. Und eine Internationale Bauausstellung wächst aus einem Thema. IBA bilden einen städtebaulichen Wandel nicht nur ab, sondern bewegen sich in der Regel in gesellschaftlichen Transformationsprozessen – sei es die Zukunft des Wohnens, der post-industrielle Umbruch oder der demografische Wandel und die damit einhergehende Dialektik von Wachstum und Schrumpfung. Insofern entstehen Internationale Bauausstellungen aus Innovationsdruck. Immer stand am Anfang ein drängendes Problem vor Ort, das eine Antwort suchte. Bislang stellte jede Internationale Bauausstellung eine gesellschaftliche Weiterentwicklung

vor. Auch wenn Kommunikation eine ganz wesentliche Rolle spielt, als reines Marketing-Label verlöre sie ihre Glaubwürdigkeit. Es geht um gesellschaftliche und kulturelle Zukunftsfragen. Dazu haben bislang alle Internationalen Bauausstellungen eine programmatische Leitidee gegeben, zu der modellhafte Lösungen gesucht wurden. Eine IBA ist keine reine Theorieveranstaltung, sondern sucht konkrete Lösungen und diese müssen exemplarisch und einprägsam sein.

Veränderte Aufgabenstellungen
Anders als früher kann Architektur allein heute nicht mehr das Thema einer IBA sein. Es geht, das haben bereits die Erfahrungen bei der IBA Emscher Park gezeigt, ganz stark um kulturelle und soziale Fragestellungen, um Aneignungen von und Auseinandersetzungen im Stadtraum. Daher müssen sich Internationale Bauausstellungen der Zukunft vermutlich von einem strengen Architekturbegriff, vom Bauen im klassischen Sinne lösen.
Daneben bedarf es des Muts zum Experiment. Allen Internationalen Bauausstellungen war bisher gemein, dass für die drängenden Probleme die bewährten, institutionalisierten Handlungsmuster nicht mehr griffen. Es ging um eine den Herausforderungen jeweils angemessene Organisationsform. Dafür mussten neue Bündnisse und Aktionsformen gefunden werden, die ein Durchbrechen von ökonomischen, administrativen und politischen Barrieren ermöglichten. Wohlgemerkt: ohne diese Akteure außen vor zu lassen, denn ohne Staat, Verwaltung und Wirtschaft wird es kein erfolgreiches IBA-Projekt geben. IBA bedeutet ein einbindendes, integrierendes Herangehen. Und vor allem ein unabhängiges. Politischer Rückhalt ohne politische Übersteuerung bedeutet neben inhaltlicher und programmatischer Autonomie vor allem auch eine sichere Finanzierungsbasis.
Keine IBA ist vom Himmel gefallen. Alle hatten einen Vorlauf, bezogen ihre Impulse aus Werkstätten, Ausstellungen, Akademien oder Ähnlichem. Wenn man über Qualitäten und Kriterien einer Internationalen Bauausstellung nachdenkt, kommt man daher auch zu der Frage, ob man ergänzend unterhalb der „großen" IBA ein komplementäres Format etablieren sollte, zum Beispiel eine Nationale oder Regionale Bauausstellung.

Das Internationale, das sie im Namen führt, ist Verpflichtung. Es muss von vornherein in ihrer Konzeption angelegt sein, Erfahrungen, Inhalte und Akteure aus unterschiedlichen Ländern einzubeziehen und umgekehrt, die IBA international zu verbreiten. Nur so bleibt die IBA auch international relevant, was zwingend zu ihren Qualitäten gehört.

Die Unterstützung des Bundes
Mit dem Memorandum „Zur Zukunft Internationaler Bauausstellungen" und den Formaten „Labor" und „Forum" wurde in diesem Jahr der inhaltliche Anspruch an eine Internationale Bauausstellung formuliert und die Voraussetzungen zu deren Qualitätssicherung in einer Struktur verstetigt. Ich bezweifle, dass man eine IBA wie eine Bundesgartenschau oder eine EXPO zertifizieren kann. Das Memorandum soll dazu dienen, sich einer Konvention, was eine IBA ausmacht, zu nähern. Es ist keine Bibel, sondern eine lernende, stetig weiterzuentwickelnde Grundlage.

Jede aktuelle IBA sollte sich der Aufgabe stellen, den Staffelstab von einem Ort zum anderen weiterzutragen und das Format in diesem Sinne weiterzuentwickeln. Dabei wollen wir als Bund helfen und Partner im Diskurs sein. Denn die bisherigen Internationalen Bauausstellungen waren immer auch ein Beispiel nationaler Selbstdarstellung durch Baukultur auf der internationalen Bühne. Insofern liegt die Qualitätssicherung und Weiterentwicklung auch im Interesse des Bundes. Und wir wollen den Prozess weiter unterstützen, zum Beispiel mit einer Intensivierung der Begleit- und Wirkungsforschung und einem Ausbau des internationalen Erfahrungsaustausches auf europäischer Ebene. Ziel ist nicht eine zentrale Steuerung von zukünftigen Internationalen Bauausstellungen, sondern die Stärkung der unabhängigen, IBA-übergreifenden Qualitätssicherung.

Gemeinsame Grundsätze und enge Zusammenarbeit sichern die Qualität und damit die Zukunft der Internationalen Bauausstellung als Instrument der Stadtentwicklung. Wir brauchen Innovationen und Visionen, um die Herausforderungen der Zukunft zu meistern. Eine IBA bietet Freiräume für Experimente und Feldversuche, die einmalig und extrem wertvoll sind.

IBA Expertenrat

Prof. Dr. Engelbert Lütke Daldrup
Staatssekretär, Bundesministerium für Verkehr, Bau und Stadtentwicklung

Dr. Ulrich Hatzfeld
Leiter der Unterabteilung Stadtentwicklung, Bundesministerium für Verkehr, Bau und Stadtentwicklung

Martin zur Nedden
Bürgermeister und Beigeordneter der Stadt Leipzig

Uwe Bodemann
Stadtbaurat der Landeshauptstadt Hannover

Prof. Dr. Werner Durth
Technische Universität Darmstadt, Leiter des Fachgebiets Geschichte und Theorie der Architektur

Prof. Kunibert Wachten
Rheinisch-Westfälische Technische Hochschule Aachen (RWTH), Leiter des Lehrstuhls und des Instituts für Städtebau und Landesplanung

Prof. Dr. Walter Siebel
Carl von Ossietzky
Universität Oldenburg,
Institut für Sozialwissenschaften, Arbeitsgruppe Stadtforschung

Dr. Reimar Molitor
Geschäftsführer der
Regionale 2010, Köln

Andrea Gebhard
Präsidentin des Bund
Deutscher Landschaftsarchitekten BDLA

Amelie Deuflhard
Intendantin der Kulturfabrik Kampnagel,
Hamburg

Prof. Michael Braum
Vorstand der Bundesstiftung Baukultur,
Potsdam

Prof. Françoise-Hélène Jourda
Architektin, Jourda
Arcitectes, Paris

Karl Jasper
Fachkommission Städtebau der Bauministerkonferenz (ARGEBAU)

Der IBA-Expertenrat beim Bund

Es wurde begonnen, einen Erfahrungsaustausch von IBA zu IBA in Form eines Netzwerks zu vertiefen und zu verstetigen. Unser Ministerium unterstützt den Prozess bereits. In Zukunft soll dies unter kritischer Begleitung von unabhängigen Experten auf nationaler und internationaler Ebene geschehen. Neben den bereits genannten Formaten des Labors und des Forums ist ein auf mehrere Jahre berufener unabhängiger Expertenrat das zentrale Gremium für die Absicherung der Empfehlungen des Memorandums und ein zentraler Baustein des Netzwerks. Der IBA-Expertenrat soll zur Sicherung der im Memorandum festgelegten Kriterien beitragen und deren Weiterentwicklung mit Blick auf andere innovative Instrumente der Regional- und Stadtentwicklung vorantreiben. Er soll unabhängig sein, mit wissenschaftlicher Expertise unterstützt werden, Impulse geben sowie Maßstäbe für Innovationswege nachhaltiger Stadtentwicklung diskutieren.

Dieser Expertenrat wurde im Sommer 2009 vom Bundesminister Tiefensee berufen. Ein wichtiger Baustein der Arbeit des Expertenrates wird eine begleitende Evaluation der IBA, insbesondere auch im Vergleich mit innovativen Stadtentwicklungsinstrumenten im internationalen Bereich sein. Aus dem Memorandum, der nationalen Praxis und dem Blick in die anderen Länder entsteht so ein Anspruch und ein Maßstab für die Qualität der IBA. Der Expertenrat gibt Impulse, nimmt Anregungen des Labors und des Forums auf und verbindet die verschiedenen Aktivitäten auf diesem Gebiet auf hohem Niveau.

Am Ende müssen sich die Akteure einer Internationalen Bauausstellung die Ziele und Ansprüche einer IBA zu eigen machen und sich der verabredeten Qualitäten auch treuhänderisch annehmen. Das IBA-Netzwerk hat keine andere „Macht" als seine Überzeugungskraft und das glaubwürdige Eintreten für Qualität. Die Stärke der deutschen Stadtentwicklung liegt in ihrer Bereitschaft zu lernen. Mit den drei aktuellen Internationalen Bauausstellungen zwischen 2010 und 2013 wird Deutschland wieder einmal zum Labor der europäischen Stadt. Wir brauchen solche Experimente, um weiterzukommen auf dem Weg zu einer gerechten, erfolgreichen, integrativen und schönen Stadt.

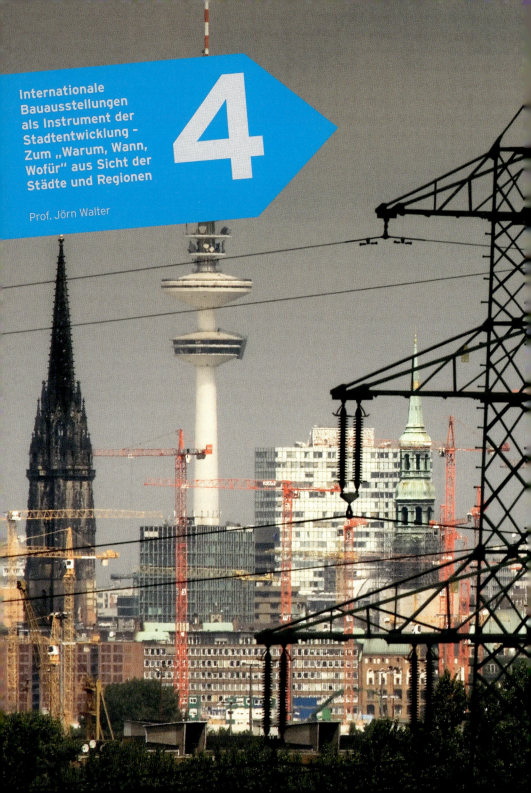

4

Internationale Bauausstellungen als Instrument der Stadtentwicklung – Zum „Warum, Wann, Wofür" aus Sicht der Städte und Regionen

Prof. Jörn Walter

Prof. Jörn Walter
Oberbaudirektor der Freien
und Hansestadt Hamburg
Senior director of construction of the
Free and Hanseatic City of Hamburg

International Building Exhibitions as an Instrument of Urban Development—On the „Why, When, What for" (Abstract)

There are several reasons for wanting to organise an IBA. One motive is that the IBA format creates more publicity for architecture and urban development issues. Another motive is that as an innovative and flexible instrument an IBA offers totally different opportunities for dealing with complex problems like in Hamburg-Wilhelmsburg. With an IBA resources can be mobilised and concentrated and divergent stakeholder constellations can be committed to a common goal. The special challenge for cities and regions is to organise the stable political, institutional, and financial framework conditions necessary for an IBA.

4

Seit über 100 Jahren gibt es Internationale Bauausstellungen in Deutschland, und was ist in diesen Fällen passiert? Hin und wieder haben einzelne Städte und Regionen der Welt erklärt, dass sie eine Aussage zu den Zeitfragen von Städtebau und Architektur machen wollen, sich selbst ein Programm gegeben und uns irgendwann mitgeteilt, wann sie ihre Tätigkeit für reif genug halten, um sie zu zeigen. Das Verblüffende war, dass es durchweg programmatische, seriöse und für das städtebauliche und architektonische Geschehen meist sehr nachhaltig wirkende „Ausstellungen" waren. Ein „offenes" Format, ohne geregelten Kalender, das sich bewährt und den Fragen des Städtebaus und der Architektur viel öffentliche Aufmerksamkeit eingebracht hat. Und man fragt sich natürlich, warum wir ein Memorandum und Regeln brauchen, wenn dieses bislang ungeregelte Format so gute Ergebnisse hervorgebracht hat. Das Motiv kann nur darin liegen, dass wir der Meinung sind, dieses bewährte Instrument könnte noch weitere Verbreitung finden und unsere städtebaulichen und architektonischen Anliegen erfolgreicher in der Öffentlichkeit verankern. Deshalb möchte ich zu den Gründen, zum Zeitpunkt und zum Ziel, sich des Formates IBA zu bedienen, im Folgenden einige Ausführungen machen.

Warum?
Anlass für eine IBA sollten ein konkreter Ort und konkrete Probleme oder Themen sein. Es muss eine gewisse Ratlosigkeit im Umgang damit geben und die Überzeugung, dass man mit herkömmlichen Mitteln nicht weiterkommt. Es muss also eine grundsätzliche Veränderung in der Wahrnehmung eines Ortes oder eines Problems und Themas erforderlich sein. Und man muss der Überzeugung sein, dass dies besser über eine unabhängigere Institution bzw. Person in Gang gesetzt werden kann als über eingefahrene Strukturen. Das verbindet sich mit der besonderen Rolle, die den IBA-Direktoren in dem Prozess zufällt.
Wichtig ist weiter, dass die Fragestellung von einer so großen Bedeutung ist, dass sie nicht „professionsintern" gelöst werden kann, sondern einer breiten öffentlichen Aufmerksamkeit bedarf. Das heißt aber auch, man muss das städtebauliche und architektonische Geschehen ins Licht der Öffentlichkeit rücken wollen – mit allen Problemen, die damit für Politik und Verwaltung verbunden sein können. Im Rückblick auf manche IBA

Vorherige Seite: Blick von Wilhelmsburg auf die Skyline der Hamburger Innenstadt

der Vergangenheit hat es immer wieder höchst kritische Fragen und örtliche Konflikte gegeben, die in der offenen medialen Auseinandersetzung oftmals zur Ungewissheit führten, ob die Politik das Projekt überhaupt weiter unterstützen würde. Auch in Wilhelmsburg sind wir im Moment in einer Phase, in der sich nach anfänglicher Euphorie mit wachsender Konkretheit der Projekte sehr unterschiedliche Interessengruppen artikulieren und sich die politischen Parteien aus zum Teil ganz anderem – aber legitimen – Kalkül überlegen, ob sie die IBA und ihre Projekte unterstützen oder dagegen opponieren sollen. Kurzum, man muss, wenn man eine IBA anstößt, mit allen Chancen und Risiken bereit sein, sich auf die Eigendynamik eines offenen Prozesses einzulassen. Schließlich muss man sich trauen, ein so etabliertes und anspruchsvolles Format, wie es die IBA ist, für sich in Anspruch nehmen zu wollen und sich diesem zu stellen. Der Erfolg der vergangenen IBA ist für jeden, der neu anfängt, natürlich auch Ballast. Zu den Kriterien gehört, dass die Fragestellung nicht nur von lokaler, sondern auch von internationaler Relevanz ist. Zu den Kriterien gehört weiter, dass die Themen nicht nur zeitlich begrenzter Natur sind, sondern eine strukturelle Bedeutung über den Tag hinaus haben. Und zu den Kriterien gehört vor allem, dass es eine Chance geben muss, dem hohen Qualitätsanspruch des Formates genügen zu können. Es setzt ja voraus, dass eine Mehrheit diesen Qualitätsanspruch auch wirklich will. Und das ist beim Bauen – zumal wenn es irgendwann um konkrete Architektur und Geld geht – keineswegs selbstverständlich.

Wann?
Die Frage des richtigen Zeitpunktes ist im Hinblick auf die Durchsetzbarkeit einer IBA sehr bedeutungsvoll. Es ist indirekt schon angesprochen worden, dass es einen mehrheitsfähigen politischen Gestaltungswillen zum Ort, Problem oder Thema braucht, der nicht immer gegeben ist. Schließlich geht es in aller Regel um einen mehrjährigen Entwicklungsprozess über mehrere Legislaturperioden, der für seinen Erfolg eine gewisse Kontinuität und Stabilität voraussetzt. Diesen Konsens zu erreichen, geht meist nicht von heute auf morgen. Deshalb brauchen Bauausstellungen eine inhaltliche und kommunikative Vorbereitungszeit und die Arbeit daran lohnt sich.

Erfahrungsgemäß braucht es eine Konstellation von maßgeblichen Akteuren, die die Ziele persönlich und glaubwürdig vertreten. Gut ist es, wenn sie diese auch institutionell verankern und damit wesentlich zur notwendigen Kontinuität beitragen können. Und schließlich muss zur Durchführung einer IBA die realistische Chance bestehen, zusätzliche personelle und finanzielle Ressourcen erschließen zu können. Bauausstellungen brauchen eine finanzielle Mindestausstattung. Diese muss in Abhängigkeit von Ort und Thematik vielleicht nicht immer so umfangreich sein, wie das in Berlin oder dem Ruhrgebiet der Fall war. Aber ganz ohne geht es auch nicht, selbst wenn man in erheblichem Umfang vorhandene Fördertöpfe nutzen kann, wie das die genannten Beispiele gezeigt haben. Und es ist absolut legitim, das mit einer IBA verbundene zeitliche Ziel nicht nur zur Mobilisierung der kulturellen, sozialen und technischen, sondern auch der finanziellen Kräfte einzusetzen.

Wofür?

Im Hinblick auf das Ergebnis einer IBA geht es zunächst einmal darum, für richtig und notwendig Erkanntes umzusetzen – und nicht nur das im Allgemeinen Machbare. Das Machbare ist bekanntlich nicht immer das Richtige, und der Wunsch, aus den eingefahrenen Gleisen herauszukommen, ist ein wichtiges Ziel jeder IBA. Die Braunkohlelöcher in Brandenburg wären auch ohne die IBA Fürst-Pückler-Land mit Wasser gefüllt worden. Aber die Frage, mit welcher Qualität dies geschehen wäre, und mit welchem inhaltlichen Ziel – die wäre wohl anders beantwortet worden. Das heißt aber auch, es kommt darauf an, auf eine tatsächliche Veränderung hinzuwirken, auf die praktische Realisierung von Projekten mit all ihren Hindernissen und Konflikten, und nicht nur die verbale und theoretische Auseinandersetzung mit den Themen zu suchen. Zum Zweiten geht es um die Nachhaltigkeit der Projekte, um eine möglichst lange und breite Ausstrahlung und nicht um kurzfristige Aufmerksamkeit. Die Welt in Wilhelmsburg und ihr Veränderungsbedarf wird nicht 2013 enden. Im Gegenteil, es wird noch eine Reihe weiterer Aufgaben geben. Aber wenn es gelingt, einen Prozess einzuleiten und mit einem starken Impuls durch die IBA auszustatten, der in der Folge selbsttragend ist, haben wir viel erreicht. Dies steht in einem engen Zusammenhang mit der Qualitätssicherung durch den hohen Anspruch des Formats IBA. Und schließlich kann man durch die „außenstehende" Organisationsform einer IBA zum Beispiel als GmbH neue und andere Handlungsmuster zwischen den unterschiedlichen Akteuren ausprobieren und einüben. Dies ist eine nicht zu unterschätzende Thematik, weil sich nach der Phase des „Wohlfahrtsstaates" im Zeitalter labilerer Marktbedingungen öffentliche, bürgerschaftliche und private Interessen viel enger abstimmen müssen. Stadtplanung und Architektur müssen sich mit anderen Worten viel stärker zivilgesellschaftlich verankern, wofür eine IBA neue Plattformen bereitstellen kann.

Wie weiter?
Die Sorge, dass das Format allzu populär wird und die vorhandenen IBA entwertet, habe ich nur begrenzt. Die Hürden sind und bleiben hoch. Es könnte auch sein, dass das Format eines Tages aus ganz anderen Gründen unpopulär wird oder sich „moralisch" verbraucht. Das könnte auch am Begriff „Ausstellung" liegen, der bezüglich dessen, was wir heute professionell darunter verstehen, für die Politik und Allgemeinheit gar nicht so einfach verständlich ist. Städtebau und Architektur durch ein Ereignis ins öffentliche Geschehen zu rücken, es in einem gewissen Sinne auch zu verstetigen, ist nichts Verwerfliches, sondern steht der Profession gut an. Es steht deshalb auch nichts dem Ziel entgegen, das Format international stärker zu verbreiten und dafür zu werben. Wenn man das aber will, muss man damit leben können, dass es mehr Internationale Bauausstellungen geben wird und etwas von der Exklusivität verloren geht. Wäre das ein Problem? Sicherlich nicht.

Das modifizierte Memorandum mit dem Verständnis „Qualitätssicherung durch Selbstverständigung und Selbstverpflichtung" beschreitet den richtigen Weg. Das Abschichten der Begriffe – „epochal", „Weltgeltung", „herausragende Persönlichkeiten" – hat ihm gut getan. Wir sollten den Anspruch nicht zu hoch anlegen und uns kritisch genug gegenüber uns selbst bewusst sein, dass wir alle nicht wissen, ob das, was wir am Ende geleistet haben, wirklich so bedeutungsvoll ist oder nicht. Ob die Thesen damit zu allgemein und unscharf geworden sind, mag zugunsten einer Verhinderung von übermäßiger „Verregelung" durch einen überzogenen Kriterienkatalog dahingestellt bleiben.

Die Frage des „Niveaus" einer IBA muss sicherlich weiter diskutiert werden. Wir sollten den Anspruch in Anbetracht der aufwändigen IBA 1984/87 Berlin und 1999 Emscher Park nicht zu hoch anlegen, müssen andererseits aber auch sicherstellen, dass die „Marke" nicht für Belangloses herhalten darf. Die laufenden IBA pegeln sich jedenfalls auf einem mittleren Niveau ein, das der „Marke" durchaus noch angemessen zu sein scheint. Ob in Anbetracht dessen über „Nationale Bauausstellungen" nachgedacht werden muss und kann, halte ich nur dann für nötig, wenn man die Anwendung des Formates deutlich ausdehnen will. Vielleicht verschiebt sich die Eintrittsschwelle nämlich ganz ungewollt so weit nach unten, dass letztlich keinem gedient ist.

Das BMVBS schlägt zur Verstetigung des IBA-Prozesses eine komplexe Netzwerkstruktur aus Labor, Forum und Expertenrat vor. Man sollte mit solchen Institutionalisierungen behutsam umgehen und sie nur dann einberufen, wenn sie uns in der Debatte wirklich helfen können. Vielleicht reicht ein Gremium (Labor + Interessierte) und in größeren zeitlichen Abständen ein internationaler Kongress.

5

Ein Memorandum zur Zukunft Internationaler Bauausstellungen

Zehn Empfehlungen zur Durchführung einer Internationalen Bauausstellung

10 Empfehlungen zur Durchführung einer Internationalen Bauausstellung

Memo on the Future of International Building Exhibitions

Within the space of a century, the International Building Exhibitions have become a test bed for urban development and a distinctive trademark of German planning culture now recognised worldwide as "IBA." The IBA have grown from architecture exhibitions to exhibitions of *Baukultur* (understood as the culture of planning and building) in which social, economic, and ecological aspects and the quality of processes and participation have become increasingly important alongside aesthetic and technological issues.

An IBA addresses life, living and building in a city and region, but aims to offer content, organisation and presentation relevant outside its thematic field. It sets standards for planning authorities' daily work and provides a key stimulus for theory and science. Every IBA thus far has had a significance beyond its time. A product of specific local requirements, unique constellations of local players, and clear quality requirements over and above the usual standards, the objective and structure of international building exhibitions is such that the concept is universally applicable.

IBA is a "label" for a successful planning, urban, and regional policy tool unique in the world. Unlike world expos, biennales and capitals of culture, IBA have to date been organised without a fixed annual schedule, set rules, or standardised quality criteria. There is no established agreement on what defines an IBA, on the areas it should address or the way it should be organised. However, the very fact that IBA must constantly redefine themselves requires ongoing quality assurance—measures to secure the role of IBA in *Baukultur* and urban development, and to ensure that the experiences they offer benefit everyday planning work and each subsequent IBA.

To that end, the "Brand IBA" must, beyond its historically established significance, be attractively updated on a regular basis. This calls for a consolidated effort, beyond the individual IBA duties, of states, communes and the Federation, critically accompanied by independent experts. Despite differences in content, the IBA's success rests upon qualitative commonalities; these qualities must be safeguarded and further developed.

5 Ein Memorandum zur Zukunft Internationaler Bauausstellungen

Im Zeitraum eines Jahrhunderts haben sich die Internationalen Bauausstellungen zu einem Experimentierfeld der Stadtentwicklung und damit zu einem besonderen „Markenzeichen" der Planungskultur in Deutschland entwickelt, das als „IBA" weltweit Anerkennung findet. Die IBA wandelten sich von Architektur- zu Bau-Kultur-Ausstellungen, bei denen neben ästhetischen und technologischen zunehmend soziale, wirtschaftliche und ökologische Aspekte sowie die Qualität von Prozessen und von Partizipation in den Vordergrund traten.

Eine IBA verhandelt das Leben, Wohnen und Bauen in Stadt und Region mit einem weit darüber hinausgehenden Geltungsanspruch ihrer Inhalte, ihrer Organisation und Präsentation. Sie setzt Maßstäbe für die Alltagspraxis der planenden Verwaltungen und gibt wichtige Impulse für Theorie und Wissenschaft. Jede der bisher durchgeführten IBA hatte eine Bedeutung, die über ihre Zeit hinauswies. Hervorgegangen aus jeweils spezifischen örtlichen Handlungserfordernissen, aus besonderen Konstellationen lokaler Akteure und ausgeprägten, die üblichen Standards überragenden Qualitätsansprüchen haben Internationale Bauausstellungen einen programmatischen, generalisierbaren Charakter.

Die IBA ist ein „Label" für ein international einzigartiges Instrument erfolgreicher Planungs-, Stadt- und Regionalpolitik. Anders als Weltausstellungen, Biennalen und Kulturhauptstädte sind IBA bisher ohne festen Kalender, ohne vorgegebene Regeln und normierte Qualitätskriterien entstanden. Bislang gab es keine feste Konvention darüber, was eine IBA ausmacht, was ihre Themen und Organisationsformen sein sollten. Gerade weil sich jede IBA immer wieder neu erfinden muss, ist aber eine kontinuierliche Qualitätssicherung erforderlich, die den Stellenwert der IBA für die Baukultur und die Stadtentwicklung sichert und die daraus abgeleiteten Erfahrungen für den Planungsalltag und für jede nachfolgende IBA fruchtbar macht.

Dazu muss die „Marke IBA" über ihre historisch erreichte Bedeutung hinaus immer wieder attraktiv aktualisiert werden. Darin liegt eine gemeinsame, über die einzelnen IBA hinausgehende Aufgabe von Ländern, Kommunen und dem Bund, kritisch begleitet von unabhängigen Experten. Trotz thematischer Unterschiede beruht der Erfolg der IBA auf qualitativen Gemeinsamkeiten. Diese Qualitäten gilt es zu sichern und weiter zu entwickeln. Die Kriterien dafür ergeben sich aus den bisherigen IBA.

Vorherige Seite: Intensive Diskussion des Memorandums auf einem Labor des Netzwerks „IBA meets IBA", Berlin 2009

The criteria of such derive from previous IBA.

Ten recommendations for the future of the IBA have therefore resulted:

1 Each IBA has identified urgent local and regional problems and focussed on their architecture and urban planning aspects. What defines an IBA is that it focuses **questions of future social change** on those issues that impact on spatial developments and can be shaped by spatial design.

2 An IBA is more than just an architecture exhibition. It brings social models up for debate and offers and illustrates solutions to social problems—not simply in the design of buildings, but also in new ways of **using urban space.**

3 IBA grow out of real challenges facing urban society and pressing current problems: the central focuses of an IBA must be defined on the basis of **place and circumstances.** The background to every IBA has been local or regional initiatives and events, which then acted as a trigger for more far-reaching action. Preparatory discourses and **preliminary** workshops are extremely important when deciding on the issues to be addressed.

4 IBA seek to develop **model solutions for current problems** from a *Baukultur* economic, ecological, and social perspective. Common objectives mean IBA succeed in drawing attention to these issues and sparking debate on an international level, thus promoting general town planning and social development issues in the long term.

5 Every IBA's success is defined first and foremost by the buildings it produces, but an IBA does not simply draw attention to buildings and the built environment: it also raises awareness of the conditions in which buildings are created and the quality of the processes involved. Every IBA seeks to create a new planning culture and *Baukultur* by **improving the quality of procedures,** a culture expressed in the combination of process quality and high quality results.

6 An IBA must, from the outset, be **international.** Exceptional contributions from abroad, international aspects of projects presented, and global public relations work all make a building exhibition international.

7 IBA are a **short-term, exceptional** situation made possible through the concentration of intellectual, artistic, and financial resources over a brief period of time. They are a development platform where close cooperation between experts and those affected and their experience and success can encourage projects elsewhere.

Daraus leiten sich für die Zukunft der IBA folgende zehn Empfehlungen ab:

Zehn Empfehlungen zur Durchführung einer Internationalen Bauausstellung

1 Jede IBA hat aus lokalen und regionalen Problemlagen jeweils drängende Aufgaben auf Bereiche der Architektur und Stadtplanung zentriert. Eine IBA zeichnet aus, dass sie **Zukunftsfragen gesellschaftlichen Wandels** auf solche Aspekte fokussiert, die räumliche Entwicklungen anstoßen und durch Gestaltung von Räumen beeinflusst werden können.

2 Eine IBA ist mehr als eine Architekturausstellung. Sie stellt gesellschaftliche Entwürfe zur Diskussion und gibt Antworten auf soziale Probleme nicht nur in der Gestaltung von Gebäuden, sondern auch in neuen Formen der **Aneignung städtischer Räume** und macht diese sichtbar. Im Erleben einprägsamer Orte sind die Botschaften einer IBA präsent.

3 Eine IBA entsteht aus konkreten Herausforderungen der Stadtgesellschaft, aus jeweils aktuellem Problemdruck: Zentrale Themen einer IBA müssen aus **Anlass und Ort** herausgearbeitet werden. Jede IBA hatte ihre Vorgeschichte durch lokal oder regional begrenzte Initiativen und Ereignisse, die als Impulse für weitergehende Programme wirkten. Zur Definition der Themen sind vorbereitende Diskurse und vorgeschaltete Werkstätten wichtig.

4 Eine IBA folgt dem Anspruch, **modellhafte Lösungen für aktuelle Probleme** in baukultureller, ökonomischer, ökologischer und sozialer Hinsicht zu entwickeln. Durch ihren programmatischen Anspruch gelingt es, diese im internationalen Maßstab aufzuzeigen, zur Diskussion zu stellen und dadurch nachhaltig Fragen des Städtebaus und der gesellschaftlichen Entwicklung insgesamt anzuregen.

5 Jede IBA lebt zunächst von ihren gebauten Ergebnissen. Mit einer IBA wird die Aufmerksamkeit jedoch nicht allein auf das Gebaute, sondern auch auf die Wahrnehmung der Entstehungsbedingungen und der Qualität von Prozessen gelenkt. Jede IBA steht dafür, über die **Qualifizierung von Verfahren** zu einer neuen Planungs- und Baukultur zu gelangen, die als Zusammenspiel von Prozess- und Ergebnisqualität erkennbar wird.

6 Eine IBA muss von Anbeginn in der **internationalen Dimension** angelegt sein. International wird eine Bauausstellung durch herausragende Beiträge aus dem Ausland, durch die in den Projekten angelegte internationale Relevanz und durch eine international ausgerichtete Öffentlichkeitsarbeit.

8 An IBA demands **the courage to take risks.** It is an experiment whose outcome is uncertain. All players, participants, and above all the public must be made aware of this from the outset to ensure there is scope for development beyond daily practice and wide interest in the projects is generated.

9 Every IBA needs an **appropriate structure** if it is to offer universally applicable model solutions with broad appeal. People are looking not for established procedures and tried and tested approaches, but for an imaginative programme, form and structure; for the art of improvisation and for rapid response to the unforeseeable.

10 IBA thrive on publicity. **Modern communication strategies** are vital to their success. Every IBA must use and develop the latest, most effective types, formats, and channels of communication.

Three Questions for the Future

The quality of each individual project in every IBA must be carefully examined, and the findings used to maintain standards and develop the format of the event. Passing on experience from one IBA to the next is key and should be supported through a general IBA network on a regional, national, and international scale.

Three central questions must be addressed for the future:

1. How can the experiences gained in an International Building Exhibition benefit everyday planning work, and also and above all each subsequent IBA, thus furthering a long-term learning process in the development of our cities and regions?

2. How can we establish continuous quality assurance to ensure international building exhibitions' key role in Baukultur and urban development in Germany is maintained and strengthened?

3. How can the German experience of using international building exhibitions be communicated at a European level and how can IBA processes draw more on international experience?

Realising an IBA is a commitment to quality. Each current IBA must take on the task of carrying the baton from one place to the next and of further developing the format. This should take place with critical accompaniment by experts on a national and international level. The Federation can establish

7 Eine IBA wird durch Konzentration der intellektuellen, künstlerischen und finanziellen Kräfte auf einen überschaubaren Zeitraum möglich, als ein **Ausnahmezustand auf Zeit.** Sie ist ein Entwicklungslabor, in dem durch intensive Kooperation zwischen Experten und Betroffenen sowie durch deren Erfahrungen und Erfolge Projekte andernorts ermutigt werden können.

8 Eine IBA verlangt **Mut zum Risiko.** Sie ist ein Experiment mit offenem Ausgang und generiert neue Ideen unter anderem durch Provokation, der auch Widerspruch erzeugen kann. Kontroversen sind ein wesentliches Element der Planungskultur. Dies muss allen Akteuren, Verbündeten und vor allem der Öffentlichkeit von Anbeginn bewusst gemacht werden, um Freiräume jenseits der Alltagspraxis eröffnen und ein breites Interesse an den Projekten wecken zu können.

9 Jede IBA braucht **angemessene Organisationsformen,** um zu exemplarischen und generalisierbaren Lösungen mit hoher Ausstrahlungskraft zu kommen. Nicht die bereits etablierten Verfahren und bewährten Handlungsmuster sind gefragt, sondern Fantasie in Programm, Gestaltung und Organisation sowie die Kunst der Improvisation und schnellen Reaktion auf Unvorhersehbares.

10 Jede IBA lebt von ihrer Verbreitung. **Zeitgemäße Strategien der Präsentation und der Kommunikation** sind Voraussetzungen ihres Erfolgs. Eine IBA ist darauf angewiesen, die jeweils neuesten, wirksamsten Kommunikationsformen, -formate und -wege zu nutzen und weiter zu entwickeln.

Drei Fragen für die Zukunft der IBA

In jeder IBA ist die Qualität an jedem einzelnen Projekt zu überprüfen, um mit der gewonnenen Erfahrung ihren Anspruch weiter zu tragen und das Format weiter entwickeln zu können. Dabei ist eine Unterstützung des Erfahrungstransfers von IBA zu IBA notwendig, der von einem übergreifenden IBA-Netzwerk in regionalem, nationalem und internationalem Rahmen unterstützt werden sollte.

forums and provide support to such processes. Former international building exhibitions have after all always yielded fruitful building cultural learning processes as well as representing opportunities for national self-display on the international stage. As a result, the Federation has a vested interest in safeguarding quality and in further development.

The Federation is requested to assist in deepening and stabilising the initiated exchange of experience from IBA to IBA in the shape of a network called "IBA meets IBA," to provide support to the leadership of each IBA. The self-reflection that such a forum would deliver would enable the actors involved to fulfil their commitment to increasing the quality thus far achieved by international building exhibitions. The Federation is called upon to support concomitant and impact research in order to make building cultural and participatory learning processes productive for national urban development policy and international debate.

The Federation is solicited to enhance international exchange of experience on a European level and to contribute to further developing this thus far specifically German format in a European context.

Verfasser Authors:

Prof. Dr. Werner Durth, Leiter des Fachgebiets Geschichte und Theorie der Architektur, Technische Universität Darmstadt

In Zusammenarbeit mit in collaboration with:

Prof. Michael Braum, Bundesstiftung Baukultur, Potsdam; Dr. Marta Doehler-Behzadi, BMVBS, Berlin; Dr. Ulrich Hatzfeld, BMVBS, Berlin; Uli Hellweg, IBA Hamburg GmbH; Dieter von Lüpke, Stadtplanungsamt der Stadt Frankfurt am Main; Michael Marten, BMVBS, Berlin; Rainer Nagel, Senatsverwaltung für Stadtentwicklung, Berlin; René Reckschwardt, IBA Hamburg GmbH; Siegfrid Schneider, MLV Sachsen-Anhalt, Magdeburg; Dr. Paul Sigel, TU Darmstadt; Gerti Theis, IBA Hamburg GmbH; Lars-Christian Uhlig, Bundesinstitut für Bau-, Stadt- und Raumforschung im BBR, Bonn; Prof. Kunibert Wachten, RWTH Aachen

Für die Zukunft gilt es, drei Fragen zu beantworten:

1. Wie können die Erfahrungen einer Internationalen Bauausstellung für den Planungsalltag, vor allem aber für jede nachfolgende IBA im Sinne eines nachhaltigen Lernprozesses in der Entwicklung unserer Städte und Regionen fruchtbar gemacht werden?

2. Wie lässt sich eine kontinuierliche Qualitätssicherung herstellen, damit der Stellenwert der Internationalen Bauausstellungen für die Baukultur und die Stadtentwicklung in Deutschland erhalten bleibt und ausgebaut werden kann?

3. Wie lassen sich die deutschen Erfahrungen mit dem Instrument der Internationalen Bauausstellung auf europäischer Ebene vermitteln und wie können umgekehrt verstärkt internationale Erfahrungen in die IBA-Prozesse eingebracht werden?

Die Durchführung einer IBA ist eine Selbstverpflichtung zu Qualität. Jede aktuelle IBA sollte sich der Aufgabe stellen, die Staffel von einem Ort zum anderen weiter zu tragen und das Format weiterzuentwickeln. Dies sollte unter kritischer Begleitung unabhängiger Experten auf nationaler und internationaler Ebene geschehen. Hierzu kann der Bund Foren bieten und Unterstützung leisten. Denn die bisherigen Internationalen Bauausstellungen waren immer auch bundesweit ausstrahlende baukulturelle Lernprozesse und eine nationale Selbstdarstellung auf der internationalen Bühne. Insofern liegt die Qualitätssicherung und Weiterentwicklung auch im Interesse des Bundes.

Der Bund wird gebeten, den begonnenen Erfahrungsaustausch von IBA zu IBA in Form eines Netzwerks „IBA meets IBA" vertiefen und verstetigen zu helfen, um die jeweilige IBA in der Regie zu flankieren. Mit der Einrichtung eines solchen Forums ist über eine Selbstverständigung der Akteure auch deren Selbstverpflichtung einzufordern, die bisher erreichte Qualität der Internationalen Bauausstellungen zu steigern. Der Bund wird aufgefordert, Begleit- und Wirkungsforschung zu unterstützen, um die baukulturellen und partizipatorischen Lernprozesse für die Nationale Stadtentwicklungspolitik und den internationalen Diskurs fruchtbar zu machen.

Der Bund wird aufgefordert, den internationalen Erfahrungsaustausch auf europäischer Ebene zu verstärken und dazu beizutragen, dieses bislang speziell deutsche Format im europäischen Maßstab weiterzuentwickeln.

6

Die aktuellen
Internationalen
Bauausstellungen

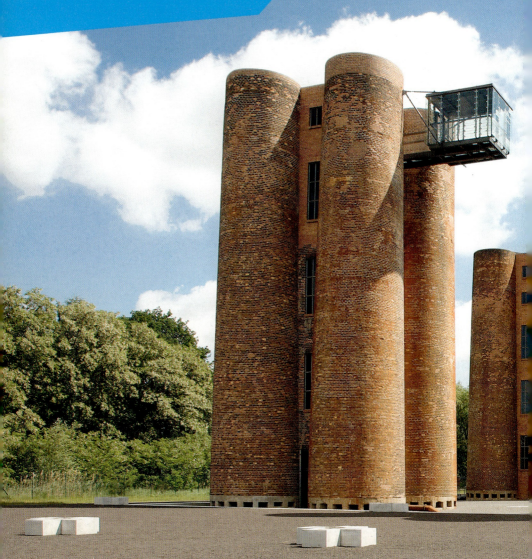

Current International Building Exhibitions
(Abstract)
Prof. Kunibert Wachten (Foto, Moderation)
Brigitte Scholz
Dr. Sonja Beeck
Uli Hellweg
Kaye Geipel

For the first time several International Building Exhibitions are currently taking place at the same time in Germany: From 2000 to 2010 the IBA Fürst-Pückler-Land in Lusatia (Brandenburg) is working on the landscape and structural change of a traditional brown coal site. Parallel to this from 2002 to 2010 the IBA Urban Redevelopment (IBA Stadtumbau) in Saxony-Anhalt is presenting exemplary urban redevelopment projects in nineteen cities which are distributed over the entire federal state. IBA Hamburg, which started in 2007 and aims to revitalise a politically neglected and poor urban development district in south Hamburg, is running for another three years until 2013.

Representatives of the three IBA are presenting their projects at the forum and discussing them with participants.

IBA Fürst-Pückler-Land

Brigitte Scholz, Leiterin der Projektabteilung, IBA Fürst-Pückler-Land, Großräschen

Aktuell finden in Deutschland drei Internationale Bauausstellungen gleichzeitig statt: 2000 ging die IBA Fürst-Pückler-Land in Brandenburg und 2002 die IBA Stadtumbau Sachsen-Anhalt an den Start. Beide IBA haben 2010 ihr Abschlussjahr. Drei Jahre später, im Jahr 2013, plant die Ende 2006 gestartete IBA Hamburg ihr finales Präsentationsjahr. In der ersten Diskussionsrunde des Forums „IBA meets IBA" präsentierten zunächst **Brigitte Scholz, Dr. Sonja Beeck** und **Uli Hellweg** als Vertreter der drei aktuellen IBA „ihre" jeweilige Bauausstellung bevor sie sich der offenen Diskussion im Forum stellten. Die Kommentare erfolgten durch Kaye Geipel und Prof. Kunibert Wachten, der auch durch diesen Block führte und die Diskussionen leitete.

Vorherige Seite: Biotürme Lauchhammer – ein Projekt der IBA Fürst-Pückler-Land

Fürst Hermann von Pückler-Muskau hat in der Lausitz – dem heutigen Projektgebiet der IBA – zwei seiner bekanntesten Landschaftsgärten hinterlassen. Ähnlich wie Fürst Pückler versucht die IBA nun eine vorgefundene Landschaft umzubauen. Heute entsteht aus 30 ehemaligen Braunkohlegruben an der Grenze von Brandenburg und Sachsen das Lausitzer Seenland, das größte künstliche Seengebiet Europas.

Die Lausitz ist seit der politischen Wende 1989/90 stark von Deindustrialisierung, Arbeitslosigkeit und Bevölkerungsschwund betroffen. Unter diesen Ausgangsbedingungen sind Visionäre aus der Region ins Ruhrgebiet gefahren, um sich die IBA Emscher Park anzuschauen und haben dann eine IBA „von unten" in der Lausitz losgetreten. Heute gibt es auf einem 5000 Quadratkilometer großen Gebiet 30 IBA-Projekte, die sich sieben Schwerpunktthemen widmen: So geht es beim Thema „Industriekultur" darum, nach dem Motto „Zukunft braucht Herkunft" herausragende Zeugnisse der industriellen Vergangenheit zu erhalten. Dazu hat die IBA neue Nutzungen gesucht, Betreibermodelle entwickelt, Gelder für die Finanzierung und die Akzeptanz in der Bevölkerung organisiert. Jüngstes Beispiel sind die Biotürme in Lauchhammer: Früher dienten sie zur Abwasserklärung für eine Großkokerei – die heute vollständig abgerissen ist. Nur die Biotürme erinnern noch an den Standort; sie stehen jetzt für Besucher und Kulturveranstaltungen offen. Für das Thema „Wasserlandschaften" hat die IBA ein Gesamtkonzept entwickelt, wie sich Naturschutz und touristische und andere Nutzungen verteilen lassen und Infrastruktur von hoher architektonischer Qualität geschaffen – zum Beispiel die IBA-Terrassen als Besucherzentrum an der Kante eines entstehenden Sees und schwimmende Häuser als neues Markenzeichen des Lausitzer Seenlandes.

Die anderen Schwerpunktthemen haben wir Neuland, Zwischenlandschaften, Energielandschaften, Stadtlandschaften und Grenzlandschaften getauft. Hier geht es unter anderem um länderübergreifende Projekte im deutsch-polnischen Grenzraum, modellhaften Stadtumbau in Cottbus und die touristische Inwertsetzung der faszinierenden Mondlandschaft nach dem Tagebau. Diese sieben Themenbereiche bearbeitet die IBA Fürst-Pückler-Land als kleine GmbH mit Sitz in Großräschen. Aufgeteilt ist die GmbH in verschiedene Abteilungen: Der Projektbereich lobt Wettbewerbe aus, organisiert Ausschreibungen, Konferenzen und Workshops und betreut die Projektentwicklung. Diese Abteilung ist in vielen informellen Arbeitskreisen und Arbeitsgruppen organisiert und auch auf internationaler Ebene vernetzt. Genauso wichtig ist der Kommunikationsbereich, der auf den IBA-Terrassen Ausstellungen und Kulturveranstaltungen organisiert, ein Tourenprogramm auflegt und für die gesamte Presse- und Öffentlichkeitsarbeit verantwortlich ist. Dritter Bereich ist die Finanzierung: Die Kollegen kümmern sich um Träger- und Betreibermodelle, stellen Förderanträge, betreiben Fundraising und unterstützen Projektträger bei ihren Abrechnungen oder Behördenangelegenheiten.

2010 feiern wir Finale und präsentieren dann, was in zehn Jahren erreicht wurde. Dabei werden wir aber nur einige Meilensteine in der gesamten Entwicklung der Region präsentieren und keinen Abschluss

einer Entwicklung. Die Flutung der Seenlandschaft zum Beispiel wird bis 2015 fortgesetzt. Deshalb diskutieren wir derzeit mit anderen Akteuren im Land, wie man ein Stück dieses Innovationsgeistes der IBA auch für die Zeit nach 2010 in der Region erhalten kann.

IBA Stadtumbau 2010

Dr. Sonja Beeck, Projektleiterin, IBA Stadtumbau, Dessau

Die Ausgangsbedingungen sind in Sachsen-Anhalt ebenfalls von Deindustrialisierung, Massenarbeitslosigkeit und -abwanderung und dem demografischen Wandel gekennzeichnet. Wir beschäftigen uns bei der IBA in Sachsen-Anhalt mit einem ganzen Bundesland und konzentrieren uns auf die Entwicklung der Klein- und Mittelstädte. 44 Städte waren eingeladen, sich zu beteiligen, von denen jetzt noch 19 dabei sind, um sich 2010 zu präsentieren. Darunter die größten Städte des Landes – Halle und Magdeburg –, ebenso aber Kleinstädte wie Wanzleben, Industriestädte ebenso wie die Welterbestadt Quedlinburg. Alle diese Städte schrumpfen bis 2020 im Saldo um ca. 30 Prozent. Diese Schrumpfung ist ein internationales und kein deutsches oder ostdeutsches Phänomen. Weltweit schreitet die Polarisierung des Raums fort. Die Metropolregionen gewinnen und die anderen Regionen werden älter und kleiner. Die Schrumpfung ist ein sehr komplexer Prozess: Die Schullandschaft funktioniert nicht mehr, die städtische Finanzierung gerät in die Krise; der Wohnungsmarkt kollabiert, der Raum wird unwirtlich und vieles mehr.

Wie kann die Stadtplanung mit diesen Transformationslagen umgehen? Kann man Schrumpfung gestalten? Unsere Hypothese bejaht diese Frage und wir wollen mit 19 Einzelexpertisen zeigen, dass „kleiner werden" auch „besser werden" bedeuten kann. Das bedeutet für viele Akteure ein Umdenken und eine Konzentration auf das Wesentliche. Um die Abwärtsspirale zu bewältigen, ist integrierte Planung über Zuständigkeiten hinweg notwendig. Das Landesbauministerium hat dazu die Stiftung Bauhaus Dessau und die Landesentwicklungsgesellschaft SALEG beauftragt, eine Internationale Bauausstellung vorzubereiten und diesen Prozess in den Städten einzuleiten. In den ersten Jahren haben wir mit den beteiligten Städten zunächst konkrete lokale Zugänge (Themen) entwickelt. Darüber stehen die großen Leitthemen Strukturwandel,

links: IBA-Terrassen der IBA Fürst-Pückler-Land in Großräschen

rechts: Landmarke Lausitzer Seenland (IBA Fürst-Pückler-Land)

Bildungsprofilierung, Denkmalschutz, Freiräume und Partizipation. Jede der 19 Städte hat eigene Handlungsschwerpunkte definiert und daraus mit der IBA die konkreten Projekte entwickelt. Die jeweiligen Handlungsschwerpunkte sind sehr verschieden.

In der Lutherstadt Eisleben etwa ging es um Stadtumbau mit integrierter Denkmalpflege: So soll quer durch die Stadt eine neue touristische Infrastruktur – der Lutherweg Eisleben – wachsen und die authentischen Lutherorte verknüpfen. In seinem Verlauf werden Brachen mit Themen aus dem Leben und Wirken Martin Luthers programmiert und behutsam Neubauten eingefügt, etwa der Museumsanbau für das Luthergeburtshausensemble. Es gab einen internationalen Architekturwettbewerb, ein überzeugendes Ergebnis mit den Bau von Jörg Springer Architekten – aber es gab auch Diskussionen und Kämpfe zur Frage von moderner Architektur im historischen Welterbekontext. Diese Diskussionen haben entscheidend zur Gestaltung der Leitlinien für die Denkmalpflege in Sachsen-Anhalt beigetragen. In Eisleben treffen sich

heute die Bürger einmal jährlich zum gemeinsamen Spaziergang auf dem Lutherweg. Diese Form der Kommunikation nach innen ist wichtig, um solche Kunstprojekte und den Prozess zu erden.

„Klassischer" Stadtumbau steht dagegen in Dessau im Vordergrund. Bereits heute zeichnet sich dort eine starke Perforation des Stadtkörpers ab. Eine radikale Raumvision zielt auf eine „geregelte Verinselung" ab. Sie sieht vor, dass sich stabile Stadtquartiere zusammenziehen und das umgebende Gartenreich in die Stadt hineingeholt wird. Ganz bewusst wurde die Bevölkerung einbezogen und zur Teilhabe aufgefordert. Sehr bildlich auch der Stadtumbau in der Kleinstadt Aschersleben, wo in die Lücken, die durch den Abriss einzelner Häuser entstanden, Kunst einzieht. So entstand dort die erste *Drive Thru Gallery* in Deutschland und die ehemalige Geisterbahn von Aschersleben wird zur kreativen Infrastruktur.

Mit der Arbeit in den 19 Städten haben wir ein Labor eröffnet, denn für die Gestaltung dieser Transformationsprozesse gibt es noch kein eingeübtes Instrumentarium und keine Vorbilder. Wir testen in der IBA Stadtumbau 2010 und werden im nächsten Jahr unsere Ergebnisse vorstellen. Eine duale Strategie von Top-Down (Ministerium) und Bottom-Up ist zielführend: Sie müssen sich das wie einen Hamburger vorstellen, wo mit den Akteuren von unten sehr viel Überzeugungsarbeit geleistet wird, damit die Kraft aus der Eigenverantwortung der Städte und der Bewohner kommt, aber gleichzeitig braucht es einen schützenden Deckel von oben – auch politisch.

links: IBA Stadtumbau 2010: Wo Gebäude fallen, entsteht Landschaft: Stadt ausgeschnitten, Landschaft eingefügt.

rechts: IBA Stadtumbau 2010: Luthergeburtshausensemble, Besucherzentrum

Internationale Bauausstellung IBA Hamburg – Projekte für die Zukunft der Metropole

Uli Hellweg, Geschäftsführer IBA Hamburg GmbH

Die Zukunft der Stadt im 21. Jahrhundert gestalten: Dieser Aufgabe stellt sich die Internationale Bauausstellung Hamburg. In einem siebenjährigen Prozess zeigt sie, wie die Städte und Metropolen den Herausforderungen der globalisierten Welt begegnen können – und setzt damit nachhaltige Impulse für die deutsche Baukultur.

Architektur, Freiraumplanung und Städtebau versteht die IBA Hamburg als integrale Bestandteile des gesellschaftlichen Wandels: Sie entwirft, fördert und reflektiert beispielhafte Projekte und Programme sowohl

auf der städtebaulichen als auch auf der stadtgesellschaftlichen Ebene. Und das an einem Ort, der wie kaum ein anderer den aktuellen Strukturwandel der Großstädte widerspiegelt.
Den Wandel dieser von Vielfalt und Widersprüchen geprägten Stadtlandschaft bündelt die IBA Hamburg in den drei Leitthemen „Kosmopolis", „Metrozonen" und „Stadt im Klimawandel".

Kosmopolis – kulturelle Vielfalt als Chance nutzen
Wo Menschen zusammenleben und sich begegnen, liegen die stärksten Kräfte für gesellschaftliche Innovation. Die IBA Hamburg sieht diese Vielfalt als Chance – mit Bauprojekten sowie sozialen und kulturellen Angeboten. Das Handlungsspektrum reicht von der Aufwertung öffentlicher Räume über eine kreative Quartiersentwicklung bis hin zu neuen Modellen eines integrativen Wohnungsbaus und einer Bildungsoffensive, die neue Lernkonzepte und Bildungsräume für interkulturelles Lernen auf den Elbinseln entwickelt.

Metrozonen – Zwischenräume werden lebenswerte Orte

Containerstapel und Hafenkräne neben Wohnquartieren und Industriebrachen, dazwischen Verkehrsschneisen, stillgelegte Hafenbecken und Marschfelder: Räumliche Brüche und Kontraste geben den Elbinseln ihr zerrissenes, aber auch spannungsreiches Gesicht. Die IBA nennt diese für viele Innenstadtränder typischen Orte „Metrozonen". In Hamburgs größten Metrozonen, den Elbinseln und dem Harburger Binnenhafen, zeigt die IBA Hamburg städtebauliche, freiraumplanerische und architektonische Lösungen, die ein Gleichgewicht zwischen unterschiedlichen Interessen und Nutzungen herstellen – durch eine Infrastruktur mit Orten des Wirtschaftens sowie Freiräumen und urbaner Dichte. Dabei werden die Stadtquartiere zum Wasser geöffnet und durch eine neue „Stadt in der Stadt" ergänzt, die zwischen oft gegensätzlichen Nutzungsansprüchen vermittelt und neue Raumbilder für die Metrozone schafft.

links: Das geplante Bildungszentrum „Tor zur Welt"

rechts: IBA-Projekt Energiebunker

Stadt im Klimawandel – Schritte ins postfossile Zeitalter
Der Klimawandel stellt besonders die Elbinseln vor große Herausforderungen. Seit der großen Flut von 1962 weiß man hier, wie empfindlich dieser Lebensraum gegenüber Naturgewalten ist. Zudem ist das Gebiet auch durch Altlasten der Industrie vorbelastet, wovon zum Beispiel der Deponieberg Georgswerder zeugt. Die IBA Hamburg setzt unter anderem mit ihrem „Klimaschutzkonzept Erneuerbares Wilhelmsburg" neue Standards für die Metropolen im 21. Jahrhundert. Es ruht auf vier strategischen Säulen:
Hohe gebäudetechnische Standards für Neubau und Bestandssanierung reduzieren den Energieverbrauch. Blockheizkraftwerke, regionale und lokale Energieverbundsysteme verbessern die Energieeffizienz. Der Anteil erneuerbarer Energien wird schrittweise bis zu 100 Prozent der Energiegewinnung erreichen. Und die Bevölkerung wird durch Kommunikation und ökonomische Anreize zum „Mitmachen" motiviert. So zeigt die IBA, wie Städte sich dynamisch weiterentwickeln und zugleich Akteure des Klimaschutzes werden können.

Zwischen Naivität und Notwendigkeit – ein Kommentar
Kaye Geipel, Architekturkritiker, Bauwelt, *Berlin*
Eine IBA ist heute keine rein auf Architektur bezogene Veranstaltung mehr – dies führt aber zu einem Dilemma: Mangelnde Sichtbarkeit. Je zerstreuter und vielfältiger die Orte und Themen sind, desto schwieriger wird die Darstellung. Um mit einer IBA auf einen internationalen Markt zu gehen, braucht sie die Sichtbarkeit einiger herausragender Projekte. Selbst bei der „Altbau-IBA" in Berlin, in der es ja um Sanierung ging, gab es einige herausragende Neubauten wie zum Beispiel die Torhäuser am Fraenkelufer von Hinrich und Inken Baller oder „Bonjour Tristesse" von Alvaro Siza. Die meisten Besucher machen auch 20 Jahre „danach" an diesen Gebäuden die „IBA Alt" fest. Diese Projekte wirken nach und wenn es sie nicht gäbe, würde nichts nachwirken. Davon ausgehend möchte ich eine Prognose wagen, was von den drei laufenden IBA in 20 Jahren nachwirken könnte.
IBA Hamburg: Das Projekt „Wilhelmsburg Mitte" hat das Potenzial, die IBA-Laufzeit zu überdauern. Ebenso der „Energieberg Georgswerder Höhe" als Aussichtspunkt. Ich habe größere Zweifel beim Projekt „Tor

zur Welt", also der Idee, mehrere Schulen zusammenzuführen und sie für die Öffentlichkeit erlebbar zu machen. Wenn ich mir den Plan anschaue, scheint mir diese Agora zu klein, um Leute von außerhalb anzuziehen. Es fehlt auch ein großes Element, das diese Öffnung der Schulen im Stadtbild deutlicher macht.

IBA Stadtumbau: Was ist sichtbar? In Eisleben das Luther-Geburtshaus, weil mit dem Rückbezug auf die Geschichte und mit einem ungewöhnlichen Bauwerk ein historischer Weg durch die Stadt gezogen wird, der Anknüpfungspunkt ist für Neues. Aschersleben: die *Drive Thru Gallery* – ein ganz kleines Projekt in einer ganz kleinen Stadt, das aber nach außen deutlich macht, wie man damit umgehen kann, dass einer Stadt einige Zähne fehlen und sie trotzdem einen Zusammenhalt hat. Und in Dessau die Rückbaugebiete, die in der Stadtmitte konzentriert werden. Hier ist aber zu bemängeln, dass der landschaftsplanerische Anspruch,

Dr. Sonja Beeck, Kaye Geipel

die geniale Idee einer Schlange, die sich durch die Viertel zieht, nicht konsequent durchgeführt wird. Die geplante Wahrnehmbarkeit fehlt mir momentan.

IBA Fürst-Pückler-Land: Diese IBA ist ja noch kleiner und arbeitet mit ganz anderen Mitteln. Das Thema der Energielandschaft und der Seenlandschaft, der radikale industrielle Umbruch und die Gestaltung neuer Landschaften sind Themen von europäischer Dimension. Mir scheint aber, dass sich die normale technische Rekultivierung, wie sie die Braunkohleunternehmen ohnehin machen müssen, zu stark durchsetzt. Das Projekt des Stadthafens Senftenberg, also die Idee, die Stadt an den See heranzuholen, klingt zunächst aberwitzig – wird aber nun realisiert und wird nachwirken.

IBA müssen Mut zu herausragender Architektur haben. Die IBA braucht da und dort genau diese Zeichen – und ich spreche nicht von Eigenbau-

Brigitte Scholz, Uli Hellweg

ten à la Gehry oder Hadid, sondern von Ankerbauten, die in der Lage sind, die Planungsprozesse, die veränderten Lebensformen und die experimentelle Herangehensweise sichtbar zu machen.

Zur Zukunft Internationaler Bauausstellungen – aus der Sicht des Memorandums
Prof. Kunibert Wachten, RWTH Aachen
Trotz verschiedener Ausgangsbedingungen setzt die Entscheidung für eine IBA immer auch Kapitulation voraus, also die politische Erkenntnis, bestimmte Probleme mit den alltäglichen Instrumenten nicht lösen zu können. Kapitulation bedarf jedoch einer ungeschönten Diagnose. Man muss anerkennen, dass die eigene Städteregion schrumpft. Es ist nicht einfach, in Brandenburg zu verkünden, dass man auch in Zukunft wenig Perspektiven bieten kann – oder sich in Wilhelmsburg hinzustellen und zuzugeben, dass alle denkbaren Erneuerungs- und Sanierungsinstrumente substanziell nichts verändert haben. Kapitulation ist somit Grundvoraussetzung, allerdings gepaart mit einem Gestaltungswillen. Bei dieser Thematik bin ich ein wenig unsicher, wie ich die derzeitigen IBA werten soll. Manchmal habe ich den Eindruck, die IBA sind zu einem Instrumentarium der letzten Rettung geworden, weil nichts anderes mehr funktioniert.

Nach der Kapitulation bekommen IBA organisatorische, administrative oder finanzielle Sonderkonditionen oder geliehene Macht oder einen Ausnahmezustand auf Zeit, also Freiraum für Experimente. Auf der anderen Seite generiert eine IBA als Format auch einen Erfolgsdruck. Das Problem dabei ist: Experiment und Erfolgsdruck passen nicht unbedingt gut zusammen. Die Frage ist also: Wie erkämpft man sich immer wieder erneut den Freiraum für modellhafte Lösungen? Eine IBA ist ja keine Garantie für Erfolg.

Diskurs: Ein Gespräch mit den „IBA-Machern"
Die Frage, ob das Memorandum eine Hilfestellung bietet, stellt sich zwangsläufig für die „jüngste" IBA Hamburg anders als für die IBA Fürst-Pückler-Land und die IBA Stadtumbau, die beide vor ihrem Abschluss stehen. Entsprechend betonte Brigitte Scholz, dass die IBA Fürst-Pückler-Land in ihrer Konsolidierungsphase vor zehn Jahren vom

„direkten Erfahrungstransfer von der IBA Emscher Park in persona von Karl Ganser" profitiert habe, der den Bericht des Gründungskuratoriums mitverfasst habe. Eventuell könne das Memorandum „für unseren Endspurt doch noch mal eine Rückendeckung" bedeuten. Allerdings passe das Memorandum mit seinem Fokus auf Baukultur und Städtebau nur bedingt zum Arbeitsschwerpunkt der IBA in der ländlich geprägten Lausitz. Brigitte Scholz regte daher an, das Memorandum „nicht zu stark auf den städtischen Raum zu konzentrieren".

Auch Dr. Sonja Beeck appellierte dafür, „bei der Überarbeitung des Memorandums die Erfahrungen aus IBA Stadtumbau und Fürst-Pückler-Land" mit einfließen zu lassen, indem „sich die IBA öffnet und von der Architektur weggeht". Dr. Beeck hofft für nachfolgende Bauausstellungen, „dass dieses Memorandum etwas ist, was auch eine gesellschaftliche Akzeptanz hat, denn das Memorandum ist ja nur dann wichtig, wenn sich jemand daran hält und es ernst nimmt".

Als Initiator des Prozesses „IBA meets IBA" und Geschäftsführer der jüngsten IBA äußerte sich Uli Hellweg noch positiver. „Wir profitieren sehr stark vom Memorandum und dem seit Mai 2007 stattfindenden Prozess." Gerade in der Startphase der IBA Hamburg sei das Memorandum eine Hilfe, denn auch in Hamburg hätte zu Beginn außer einigen Fachleuten kaum jemand gewusst, was eine IBA sei. Es sei deshalb auch ein „Selbstverständigungspapier" für die Verwaltung und Politik. Das Memorandum könne darüber hinaus für die Evaluation hilfreich sein, es könne „die ständige reflexive Auswertung und Begleitung der IBA unterstützen. Es ist sozusagen die Benchmark."

Offene Diskussionsrunde

Sehr unterschiedliche Auffassungen vertraten die Teilnehmer des Forums bei der anschließenden Diskussionsrunde bezüglich der Zielstellung einer IBA. So plädierten einige Diskutanten dezidiert dafür im Rahmen einer Internationalen Bauausstellung „*international herausragende* Bauwerke" mit großer Außenwirkung anzustreben. Dem widersprachen andere Teilnehmer, die „Leuchttürme" und zeichensetzende Architektur ausdrücklich ablehnten. Ihnen ist „Innenentwicklung und Vernetzung" wichtiger. Dementsprechend sei Bürgerbeteiligung und Schaffung eines öffentlichen (Landschafts-)Raumes durch die IBA Emscher Park das bessere Vorbild als die IBA Berlin. Ob die beiden Forderungen nach „mehr Bürgerbeteiligung" und „objektzentrierter Architekturauffassung" überhaupt einen Widerspruch darstellen, wurde ebenfalls gefragt.

Kommunikation war daher ein wichtiges Thema. So wurde zum Beispiel gefragt, ob es vielleicht „anderer Kommunikationstechniken" bedürfe, um auch Innenentwicklung als Erfolg zu präsentieren und es wurde angeregt, Wettbewerbe im Memorandum zu verankern. Gerade Wettbewerbe könnten „für Aufmerksamkeit, Bürgerbeteiligung, öffentliches Interesse und internationale Anerkennung" sorgen. Letztlich komme es „darauf an, dass wir die Inhalte der Architektur mitdiskutieren" und der eigentliche Sinn und Zweck von Architektur sei es „dem Menschen zu dienen".

7
Die geplanten Internationalen Bauausstellungen

Planned International Building Exhibitions
(Abstract)
Frauke Burgdorff (Foto, Moderation)
Dirk Lohaus
Dr. Dagmar Tille
Dr. Gabriela Bloem
Dr. Reimar Molitor

After the three current IBA other IBA are already planned or under discussion. IBA Basel 2020 wants to start and implement cross-border projects in the tri-border area of Switzerland, Germany, and France already in 2010. An IBA is being discussed in Berlin with which the large open space of the closed-down Tempelhof airport can be integrated into urban development. Also in the metropolitan region of Frankfurt Rhine-Main there are plans to arrange an IBA which will tackle the changing challenges of international urban society.
Representatives of the three planned IBA discussed the projects at the forum—also regarding the quality criteria of the new memorandum.

7

Internationale Bauausstellungen haben derzeit Konjunktur. Neben den drei aktuell laufenden diskutieren Akteure in einer Vielzahl von Städten und Regionen über eine mögliche Durchführung vor dem Hintergrund des Memorandums.

Dirk Lohaus schildert Motivation und Planung für die Region Basel, um dort grenzüberschreitende Projekte im trinationalen Verbund umzusetzen. Dr. Dagmar Tille beschreibt die Möglichkeiten einer IBA auf dem Tempelhofer Feld in Berlin und Dr. Gabriela Bloem erläutert die Überlegung einer IBA mit dem Schwerpunkt „Internationale Stadtgesellschaft" in der Region Frankfurt/Rhein-Main. Die drei Beiträge werden von Dr. Reimar Molitor und Frauke Burgdorff kommentiert.

Vorherige Seite: Verbindendes Bauwerk in der trinationalen Stadtregion der geplanten IBA Basel 2020: Dreiländerbrücke, Basel

IBA Basel 2020
Dirk Lohaus, Trinationaler Eurodistrict Basel

Das Hochbau- und Planungsamt des Kantons Basel-Stadt arbeitet seit vier Jahren an der IBA, die im Rahmen des länderübergreifenden Eurodistricts Basel stattfinden soll. Der trinationale Eurodistrict Basel ist ein Verein nach französischem Recht, in ihm haben sich die unterschiedlichen Gebietskörperschaften im Dreiländereck zusammengeschlossen, um auf politischer und fachlicher Ebene die grenzüberschreitende Zusammenarbeit voranzutreiben.

Basel, einer der wichtigsten Biotechnologiestandorte weltweit, konnte sich auch in anderen Bereichen wie Kunst und Kultur international hervorragend positionieren. Wirtschaft und Bewohner profitieren von der grenzüberschreitenden Lage des gemeinsamen Lebens- und Wirtschaftsraums, der sich über drei Länder aus 226 Städten und Gemeinden zusammensetzt. Die Landesgrenzen verlaufen mitten durch die Agglomeration mit ihren 830.000 Einwohnern, von denen täglich mehr als 50.000 über eine Grenze pendeln. Die Grenze ist an vielen Stellen in der Stadtplanung und im alltäglichen Leben zu spüren.

Auf der Suche nach einem geeigneten Instrument zur Umsetzung von Schlüsselprojekten sind wir auf die IBA gestoßen. Thema für die IBA Basel 2020 ist das „Zusammenwachsen" und das „zusammen Wachsen". Es geht dabei auch um planerische Gestaltung der Zwischenräume. Ziel ist eine nachhaltige Gestaltung des Wachstums in einer trinationalen Stadtregion. Als Handlungsfelder definiert haben wir „Architektur & Baukultur" sowie „Rhein & Co" – also die Wasser- und Landschaftsentwicklung. Dazu kommen die Handlungsfelder „Trinationale Stadtregion in Bewegung", also grenzüberschreitende Mobilität, und „Life & Science": Leben in der Wissensökonomie. Letztes Handlungsfeld ist das Thema „IBA & Ich". Damit sind Prozesse und Projekte im kulturellen oder sozialen Bereich gemeint, um Menschen zusammenzubringen.

Der Verein Trinationale Eurodistrict Basel (TEB) wird Träger der IBA Basel 2020. Ein Lenkungsausschuss soll als politisches Gremium entstehen, ein wissenschaftliches Expertengremium wird als Kuratorium eingerichtet und es wird Partnerschaften zu privaten und öffentlichen Akteuren geben. Wir wollen Ende 2009 beginnen und 2012 eine erste Zwischenpräsentation durchführen.

IBA Berlin
Dr. Dagmar Tille, Senatsverwaltung für Stadtentwicklung, Berlin
In Berlin haben wir keine geplante IBA in der Schublade. Wir sind in einem offenen Diskussionsprozess und hoffen auf einen politischen Entschluss bis Anfang 2010. Allein die laufende Diskussion ist schon hilfreich, um Ideen entstehen zu lassen. Berlin hat einen großen Vorteil gegenüber anderen Städten, die über eine IBA diskutieren: Wir haben eine Tradition in der Durchführung von IBA. Die geplante IBA 2017 wäre nach der Interbau 1957 und der IBA 1987 bereits die dritte IBA. Aktueller Anlass für eine neue IBA ist die Stilllegung des Flughafens Tempelhof. Seither liegt ein 386 Hektar großes, leeres Areal mitten in Berlin. Auf dem Gelände befindet sich eines der größten Gebäude der Welt und das längste Europas. Senatsbaudirektorin Regula Lüscher spricht von einem Mythos, mit dem der Flughafen belegt sei. Das Tempelhofer Feld ist insofern ein ideales Experimentierfeld für eine IBA.
Nach der IBA von 1957, die sich auf neue bauliche und städtebauliche Strukturen konzentrierte, ging es bei der IBA 1987 um Bestandsorientierung und Stadtentwicklung über das reine Bauen hinaus. Die dritte IBA könnte noch einen Schritt weitergehen und eine klimaschutzorientierte Stadtentwicklung anstoßen, fokussiert auf die Leerräume der Stadt. Diese Leerräume sind ja eine der Qualitäten Berlins: Berlin ist eine grüne Stadt, mit vielen natürlichen Freiräumen, und dazu kommen jetzt viele große, neue Freiräume – neben Tempelhof auch Tegel, die Heidestraße, die Spreehäfen usw. Tempelhof ist für die IBA der zentrale Ort, aber es gibt auch ergänzende Standorte, die in einer neuen IBA eine Rolle spielen können. Natürlich geht es in Berlin auch um die Suche nach der Metropole des 21. Jahrhunderts. Diese Suche wagt Berlin mit frischem Mut, Naivität und Neugier.

IBA Frankfurt Rhein-Main
Dr. Gabriela Bloem, Planungsverband Ballungsraum Frankfurt/ Rhein-Main
In unseren Überlegungen soll das Projektgebiet einer möglichen IBA den gesamten Ballungsraum Frankfurt mit Mainz, Wiesbaden, Offenbach, Darmstadt und Aschaffenburg und seinen 5,5 Millionen

Einwohnern umfassen. Das bisher angedachte Schwerpunktthema ist die internationale Stadtgesellschaft.

Im Rahmen der IBA soll das Rhein-Main-Gebiet zu einer Region werden, in der Fremdheit der Welt am Anfang das große Thema war, in der die Fremdheit aber im Rahmen der IBA entschlüsselt worden ist und das Fremde und Vielschichtige zur Normalität der europäischen Stadt geworden ist. Allerdings: In der Region gibt es eine Geschichte gescheiterter Großprojekte: Von der ersten Rhein-Main-Erklärung von 1991 mit dem Bekenntnis zu stärkerer Zusammenarbeit über eine Initiative der Wirtschaft für eine IBA und dem dabei geschaffenen Diskussionsrahmen Metropolitana bis hin zu den vergeblichen Bewerbungen um die Olympischen Spiele und als Kulturhauptstadt. Seit 2004 diskutieren wir nun wieder, ob wir eine IBA ausrichten wollen. Eine Machbarkeitsstudie von Prof. Jochem Jourdan liegt unveröffentlicht in der Schublade. Es gibt mittlerweile eine breite gesellschaftliche Basis – was fehlt, ist der politische Beschluss.

Für uns ist der Austausch mit den vergangenen und den laufenden IBA wichtig – etwa wegen des Qualitätsniveaus. Mit dem Memorandum haben wir eine Diskussionsgrundlage für die Politik, damit alle wissen, worauf sie sich einlassen.

Zur Zukunft Internationaler Bauausstellungen – aus der Sicht des Memorandums

Frauke Burgdorff, Montag-Stiftung, Bonn

Alle drei geplanten IBA interpretieren die Namensbestandteile „International", „Bauen" und „Ausstellung" unterschiedlich. In puncto „Bauen" etwa lässt sich Frankfurt noch Zeit und richtet den Blick zunächst auf diejenigen, für die gebaut wird, also die Menschen. Bei der IBA Basel deuten sich erste Projekte an – aber es bleibt die Frage, inwiefern diese Projekte nicht auch ohne IBA angegangen werden würden. Im Falle Berlins geht es hingegen auch ums Nichtbauen. Das ist ein interessanter Aspekt und fasst den Begriff „Bauausstellung" noch einmal weiter als bisherige Internationale Bauausstellungen.

Wir haben heute nicht mehr diese klassische Wachstumsstruktur, unter der wir IBA machen – und das, was die IBA Emscher Park ausgemacht hat, diese Haltung „Ich mach das jetzt einfach mal und die Politik soll sich raushalten", funktioniert heute nicht mehr. Das muss man jetzt anders organisieren. Das, was zum Beispiel die IBA Stadtumbau versucht, entsteht aus einer ganz anderen Haltung, sodass der Begriff „Ausnahmezustand" eigentlich nicht mehr passend ist. Ist denn ein „Ausnahmezustand" überhaupt in der Lage, etwas anderes zu hinterlassen als irgendeine Riesenhalle, die sich schlecht nachnutzen lässt? Brauchen wir nicht auch eine andere Verantwortungs- und Gestaltungskultur?

Mehrwert für den Planungsalltag? – ein Kommentar
Dr. Reimar Molitor, Geschäftsführer Regionale 2010 GmbH, Köln
Entstehen die IBA eigentlich, weil es einen Mangel an Alternativformaten gibt? Die Olympiabewerbung in Frankfurt ist gescheitert und da schaut man, was es sonst noch so gibt – und da gibt's die IBA! Die angesprochenen Themenfelder stellen ja sehr grundsätzliche, aktuelle und dauerhafte Herausforderungen in den drei Regionen dar, für die nun ein bekanntes Format genutzt werden soll. Es ist gut, dass man Themen und Projekte sucht, die in den bestehenden Systemen nicht bewältigt werden können. Aber danach geht es darum, wie man das Experiment in den Alltag überführt. Bleibt ein einmaliges Ausstellungsstück übrig oder hat sich nach der „Finissage" wirklich etwas geändert? Ich glaube, da müssen sich die kommenden IBA noch mehr auseinandersetzen mit der Frage, wie man diesen Schwung, den man da holt, in den Alltag rettet.
IBA oder ähnliche Formate sind immer auch Zukunftsversprechen, ein Versprechen auf Geld und Zukunftsgestaltung. Aber woher kommt das Geld? Da kann es nur um Mittel gehen, die es ohnehin gibt und die man zusammenführt zu einer Partitur. Wenn man zum Beispiel Hochwasserschutz, Straßenbauförderung und Städtebauförderung als Noten versteht, dann wäre es Aufgabe einer IBA, daraus eine gute Partitur zu schreiben und jeder, der eine Note einbringt, darf seine Note im gemeinsamen Stück auch selbst spielen. Dazu braucht man Bühnen, wo das Stück aufgeführt wird – also Festivalisierung. Da gibt es auch mal Misstöne, es fallen auch mal Töne runter und manche haben keine Lust, ihre Töne zu spielen. Aber wir müssen uns in Zukunft stärker mit der Frage auseinandersetzen, wo kriegen wir denn das Geld her? Es ist ja da, es findet nur nicht immer zueinander.

Diskurs: Potenzielle „IBA-Macher" im Gespräch

In der anschließenden Diskussionsrunde verdeutlichte Dr. Gabriela Bloem die Ziele und Motive der IBA Frankfurt Rhein-Main: „Es war durchaus nicht beliebig für uns, dass wir uns für eine IBA entschieden haben. Wir brauchen den IBA-typischen Ausnahmezustand auf Zeit. Wir haben uns gesellschaftlichen Wandel vorgenommen und dazu brauchen wir alle Kräfte in der Region." Dirk Lohaus plädierte für eine Öffnung in der IBA-Programmatik: „Vielleicht sollte man die IBA von überfrachteten Erwartungen befreien. Wir haben uns ein konkretes Programm gesetzt, was wir machen und erreichen wollen. Ich weiß aber auch nicht, ob der Begriff ‚Ausnahmezustand' für die Region Basel ein treffender Begriff ist. Vielleicht sollte man eher über die Konzentration von bestehenden Initiativen diskutieren. In dem begrenzten Zeitraum einer IBA gilt es, sich auf bestimmte Fragestellungen zu fokussieren, sodass möglichst Innovationen mit Modellcharakter entstehen. Was spricht dagegen, vorhandene Ideen umsetzen – aber in besserer Qualität? Daran schließt sich die Frage an: Kann eine Bauausstellung nur das sein, was man später ausstellen kann oder kann es auch darum gehen, wie man sich das ‚Nachher' vorstellt?"

Dr. Dagmar Tille stimmte zu: „Das ist genau die Frage. Wenn man nicht baut, dann will man Instrumente kreieren, Prozesse neu strukturieren und Ansprüche neu formulieren. Das ist natürlich in der Präsentation wenig populär. Ich will auch für Berlin Neubauten nicht ausschließen. Im Gegenteil, es laufen ja schon erste Wettbewerbe. Aber für mich sind die Schwerpunkte eben doch andere: Wo kommt man nach dem ‚Ausstellungszeitraum' im Alltag an? Das Thema ‚Nicht-Bauen' ist schon ein ernstes Problem vieler Städte. Wie gestaltet man das? Den Stadtumbau, die perforierte Stadt, den Rückzug der Stadt in ihre Mitte?" Diesen Gedanken griff Dr. Tille später erneut auf: „In diesem Zusammenhang spielt noch ein anderer Begriff eine große Rolle: Zeiträume. Es kommt darauf an, Verfahren für wesentlich längere Zeiträume zu entwickeln. Der große Druck ist heute raus aus der Stadtentwicklung und auch die Zeit der schnellen Erfolge ist vorbei. Politik braucht aber immer schnelle Erfolge. Was Planer heute brauchen, ist eine konzeptionelle Stadtentwicklung, bei der man zwar grob weiß, wo man hin will, aber man weiß auch, dass es wesentlich länger dauern wird, bis man dort sein wird."

Aus der Podiumsdiskussion mit den Teilnehmern des Forums kam die Anregung, dass die laufenden IBA aus ihrer Arbeit heraus weiterzuverfolgende Richtlinien aufstellen sollten, so wie es die „IBA Alt" in Berlin mit der Formulierung von Grundsätzen zur behutsamen Stadterneuerung getan habe. Diese hätten ihre Alltagstauglichkeit bewiesen. Betont

Dr. Reimar Molitor, Frauke Burgdorff und Dr. Dagmar Tille

wurde von vielen Teilnehmern die „qualitätssichernde Wirkung" des Memorandums, das „einer thematischen Beliebigkeit" entgegenwirke. Konkret an die Vertreter der geplanten IBA wurde die Frage gerichtet: „Wo liegen eigentlich die Probleme und wo liegen die Potenziale, die sie dazu bringen, zu sagen, die Probleme können nur mit einer IBA gelöst werden? Gäbe es nicht möglicherweise auch andere Instrumente?"
Direkt angesprochen, präzisierten die drei Akteure die Pläne für ihre jeweilige IBA. Dirk Lohaus etwa erklärte für Basel: „Es geht uns einerseits darum, zu zeigen, dass wir eine wichtige und dynamische Region sind, die zukünftig vermehrt gemeinsame Aufgaben übernimmt, die aber zurzeit beispielsweise noch Probleme in der grenzüberschreitenden Verkehrsinfrastruktur hat. Andererseits geht es darum, innovative Ideen zu entwickeln, wie man der zunehmenden Zersiedelung begegnet." Dr. Dagmar Tille fasste die Pläne für Berlin nochmals zusammen und konkretisierte: „Thema in Berlin ist: Wie kann eine Stadt auf den Klimawandel reagieren – also proaktiv Klimaschutz betreiben und sich gleichzeitig auch auf den Wandel vorbereiten? Auf sich häufende Starkregen im Sommer zum Beispiel. Und wie reduzieren wir im Altbaubereich den CO_2-Ausstoß und beachten dabei den Denkmalschutz? Konkret: Was gibt es jenseits von Kunststoffverpackungen von Häusern, um deren Energiebilanz zu verändern? Es geht uns um ganzheitliche Gebäudebetrachtung und Stadtbetrachtung. Dazu benötigen wir ein Experimentierfeld außerhalb des normalen Ablaufs."
Angesichts der kritisch hinterfragten Vorhaben in Basel, Berlin und Frankfurt erinnerte Frauke Burgdorff zum Abschluss an die Konsolidierungsphase der IBA Hamburg: „Auch diese IBA stand zu Anfang noch im Nebel. Es gab das große Bild vom Sprung über die Elbe. Jeder hat gefragt: ‚Wer springt denn da wohin und wie lange?' Es ging um ein Bild, das gefüllt werden musste. Die drei vorgestellten Regionen werden sich noch entscheiden, ob ihnen der Qualitätsanspruch zu anstrengend ist, oder nicht. Letztendlich ist es eine Entscheidung der Akteure vor Ort, sich diesem Maßstab zu stellen. Heute hat die Fachöffentlichkeit ja bewiesen, dass sie kritisch genug ist, sich entsprechend zu äußern, wenn die Maßstäbe nicht eingehalten werden sollten."

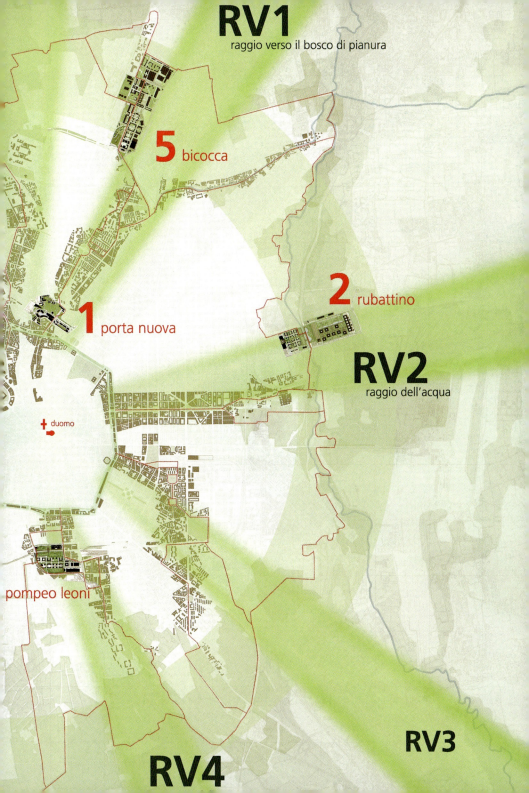

Innovative Urban Development in Europe
(Abstract)
Prof. Peter Zlonicky (Foto, Moderation)
Prof. Anna Brunow
Nicolas Buchoud
Prof. Andreas Kipar
Prof. Dr. Dieter Läpple
Dr. Marta Doehler-Behzadi

International Building Exhibitions exist on international exchange. All previous and current IBA have brought in professional knowledge in their project fields from all over the world using tenders, symposiums and workshops and in turn have contributed their own experiences to international discourse. In this way IBA experiences are fed back to other innovative urban development processes. This guarantees that IBA always have the most up-to-date professional knowledge.
Therefore three projects from Europe comparable to a German IBA are being presented at the forum: a large open space development concept from Milan as part of Expo 2015, a large exhibition of urban planning vision in Paris and a programme on qualification of architecture in Finland's cities.

Vorherige Seite: Strategie der „Raggi Verdi" in Mailand, Italien

8

Die Internationalität der IBA Emscher Park – ein Exkurs
Prof. Peter Zlonicky, Büro für Stadtplanung und Stadtforschung, München

Bei der IBA Emscher Park haben wir damals versucht, von Anfang an Internationalität herzustellen. Warum? Weil wir gesehen haben, dass die Probleme, vor denen das nördliche Ruhrgebiet stand, den Problemen ähneln, die andere „alte" Industrieregionen in Europa hatten. Mit vielen dieser Regionen haben wir Kontakte aufgebaut. Andere haben die Verbindung zu uns gesucht.

Provokation bringt Aufmerksamkeit

Das internationale Interesse hatte auch damit zu tun, dass wir bewusst mit Provokationen gearbeitet haben: Ausgerechnet die Emscher, die schlimmste Kloake in ganz Europa, zum Rückgrat eines Parks zu machen, war eine Provokation. Auch „Industriekultur" war im Ruhrgebiet ein Horror – gerade für diejenigen, die ihre Arbeit in der Industrie verloren hatten und wollten, dass ihre eigene Erinnerung an diese Arbeitsverhältnisse, die gescheitert sind, ausgelöscht wird und am nächsten Tag sollte möglichst der Industriebetrieb abgebrochen sein. Und dann kamen wir und haben diese Betriebe zu Kathedralen erklärt, in einer Region, in der es keine Burgen und keine großen Kirchen gibt! Die Begriffe „Industrie" und „Kultur" miteinander zu verbinden, das ist inzwischen Alltagsgebrauch. Damals war es eine Provokation.

Die dritte Provokation war „Energie ohne Kohle". Die heftigsten Diskussionen, die ich im Zusammenhang mit der IBA Emscher Park hatte, waren die mit den Gewerkschaften in Städten, in denen 70 Prozent der Arbeitsplätze vom Bergbau abhingen. Dort gehört Bergbau zum Selbstverständnis. Wir haben dann gefragt: „Seid ihr eine Kohleregion oder seid ihr eine Energieproduktionsregion?" Und dann war der nächste Schritt zu sagen: „Wenn ihr langfristig Energie produzieren wollt, müsst ihr rechtzeitig umschalten." Inzwischen gibt es die größte Solarenergieproduktion Deutschlands in Gelsenkirchen und der Region. So war die dritte Provokation auch gelöst.

Wissenstransfer über Wettbewerbe, Workshops und Seminare

Auch international hat man gesehen, dass es bei gleichen Problemlagen aber auch Chancen gibt und dass man einen Aufbruch wagen

---

Internationale Bauausstellungen sind bisher ein rein deutsches Planungsinstrument, das jedoch im Ausland aufmerksam verfolgt wird. Hat das Format „IBA" auch das Zeug zum „Exportschlager"? Oder verzichten unsere europäischen Nachbarn in ihren innovativen Stadtentwicklungsprojekten gezielt auf das Label? Und was kann eine IBA vielleicht von diesen internationalen Projekten lernen?

Im Folgenden stellen Prof. Anna Brunow, Nicolas Buchoud und Prof. Andreas Kipar innovative Projekte aus Finnland, Frankreich und Italien vor, bevor Prof. Dr. Dieter Läpple den Ausnahmezustand einer IBA als Herausforderung erläutert. Abschließend beschreibt Dr. Marta Doehler-Behzadi die Sicht des Bundes. Prof. Peter Zlonicky moderiert die Diskussion und gibt zu Beginn einen Exkurs über die IBA Emscher Park.

muss. In dieser internationalen Zusammenarbeit sind die wunderbarsten Dinge entstanden. Wir haben fast jedes Projekt über Wettbewerbe auf den Weg gebracht – die meisten davon international ausgerichtet. Es war von Anfang an über Seminare, Workshops und universitäre Kooperationen möglich, das herzustellen, was nachher ein selbstverständlicher, internationaler Verbund gewesen ist. Die größte Überraschung für uns war, eines Tages in Brooklyn eine Bürgerzeitung zu sehen mit Bildern von Brown Fields in Brooklyn und daneben Projektbilder der IBA Emscher Park. Inzwischen ist das schon selbstverständlich, dass man sich auf diese IBA beruft, selbst in New York. Das Programm „Greener New York", das Bürgermeister Michael Bloomberg auf den Weg gebracht hat, gibt heute einige der Provokationen wieder, die wir seinerzeit in der IBA formuliert haben. Vielleicht wäre also „Provokation" ein möglicher elfter Punkt für das Memorandum?

IBA Emscher Park:
Landschaftspark
Duisburg-Nord

Finnland – 25 lokale Bauprogramme
Prof. Anna Brunow, Brunow & Maunula, Helsinki

Zum Innovativsten, was Europa an Architektur, Städtebaustrategien und Förderinstrumenten zu bieten hat, gehörten in den letzten zehn Jahren Beispiele aus den Niederlanden. Warum ist das so? Das wurde von der Regierung gezielt gefördert, um ein besseres städtebauliches und architektonisches Image zu bekommen. Jetzt sind die Erfolge zu besichtigen.

Ähnliches versucht man jetzt auch in Finnland. Wir haben seit 1998 ein Programm, in dem heißt es: „An der gebauten Umgebung ist ablesbar, welche Werte zu verschiedenen Zeiten geschätzt waren. Die Werte von heute sind auch morgen noch sichtbar und aus diesem Grund ist Architektur so wichtig und interessant." Dieses Programm wurde weiter ausgearbeitet, sodass lokale Programme initiiert werden konnten. Innerhalb von fünf Jahren war praktisch ganz Finnland abgedeckt von lokalen Programmen.

Ökumenische Kapelle in Turku (Finnland), Sanaksenaho Architects

25 lokale Programme zur Förderung der Baukultur
Um bei der als mangelhaft empfundenen Qualität vorhandener Bebauung anzusetzen, braucht man ein neuartiges Instrument. Ein Instrument, das quer zu den normalen administrativen Zuständigkeiten und Verwaltungseinheiten und deren Handeln liegt. Diese 25 lokalen Programme haben ähnliche Ziele und Programme wie eine IBA: Auch dort wird sich zu ökologischer Verantwortung, zum Gegenstromprinzip oder zum Denkmalschutz bekannt. Aber jedes lokale Programm konzentriert sich auf unterschiedliche Punkte. In Turku setzt man auf Bildung und gründete ein Architekturinstitut, das an eine Tradition von Erik Bryggman anknüpft. In Jyväskylä gibt es schon viele umgesetzte Projekte – unter anderem von Peter Zumthor. Dort will man sich als *Alvar-Aalto*-Stadt positionieren. Oulu veranstaltet eine sehr innovative Wohnbaumesse. Ein durchgehendes Thema dort ist „Nachhaltigkeit". Tampere hatte immer schon den ÖPNV vernachlässigt und einen uninteressanten Städtebau – aber hat jetzt beschlossen, bis 2016 interessante Bauprojekte umzusetzen. Andere Städte setzen sich keine vergleichbare Frist, sondern wollen Veranstaltungsreihen durchführen und so Aufmerksamkeit erreichen. In vielen lokalen Programmen werden Bürgerinitiativen gefördert – und so ist unter anderem eine international beachtete Kapelle in Turku entstanden. Vergleichbar mit einer IBA ist ein Beispiel aus Schweden: die sogenannte Wohnbaumesse Bo01 von 2001 in Malmö, die als Prozess den Strukturwandel der Stadt von der Industrie- zur Dienstleistungsstadt vorangebracht hat. International als Landmarke bekannt ist der daraus entstandene „Turning Torso" von Santiago Calatrava.
Insgesamt zeigt sich in Finnland: Die Konkurrenz der Städte untereinander kann zu besseren Ergebnissen führen und gute Projekte strahlen aus. Deshalb würde ich empfehlen, viele IBA zuzulassen.

Île de Paris – Große Pläne für Groß-Paris
Nicolas Buchoud, Metropolregion Paris/Île-de-France
Die Region Paris gehört mit fast zwölf Millionen Einwohnern zu den größten Agglomerationen in Europa. Île de France ist eine der wirtschaftlich stärksten Regionen Europas. Wir sind also international, groß, haben Geld – aber wir haben auch Metropolen-Probleme. Zu den Problemen gehört die Komplexität der Institutionen: Es gibt neben der Stadt

Paris noch 1280 andere Gemeinden in Île de France, 100 Gemeindekreise und acht Distrikte. Zusätzlich gibt es seit 2009 eine neue Einheit: das Syndicat Paris Métropole, die rund 80 Gemeinden vernetzt. Dann gibt es noch Territorien wie La Défense (Europas größte Bürostadt) mit ihrem Sonderstatus und öffentliche, vom Staat kontrollierte Unternehmen wie den Flughafen Paris.

Strahlendes Paris: Entwurf von Grumbach et Associés

Masterplan zur „Ökoregion" Paris

Um den Herausforderungen einer globalisierten Welt zu begegnen, müssen wir zur Metropolregion heranwachsen und die entsprechenden Forschungs- und Lehranstalten fördern wie das „Vallée Scientifique de la Bièvre". Auch der Wohnungsbedarf ist sehr groß. Zudem ist die Metropolregion in Richtung „Ökoregion" und „Ökoinfrastruktur" umzugestalten. Unsere Region hat den Masterplan SDRIF erarbeitet, in dem die Seine als verbindendes Element gesehen wird, der ÖPNV ausgebaut wird, zur Förderung von Business Clustern, Science Clustern. Aber die entscheidende Frage ist: Kann Planung die Herausforderungen einer Weltmetropole meistern? Der Masterplan sieht keine konkreten Projekte vor, nennt aber Ziele wie die Schaffung von 60.000 Wohneinheiten pro Jahr.

Ausgestellte Visionen: „Le Grand Pari(s)"

Eine ganz andere Methode, um den Herausforderungen der Metropolregion zu begegnen, trägt nun aktuell den Namen „Le Grand Pari(s)" (pari = frz. für Wette): Es ist eine Ausstellung im Cité de l'architecture und das Ergebnis der Arbeit von zehn renommierten Architekten und Pla-

nungsbüros, die alle ihre eigene Vision einer möglichen Entwicklung der Region liefern. Das Medienecho war sehr groß, obwohl eine Umsetzung der Projekte in dieser Form sehr unwahrscheinlich ist. Zu sehen sind unter anderem ein Entwurf von Roland Castro für einen Central Park im Stadtteil La Courneuve und eine Vision von Finn Geipel. Die Ausstellung bietet zwar Stoff zur Reflexion, aber wenige Ansätze für eine sofortige Umsetzung. Umgekehrt hat der SDRIF zwar viele konkrete Ideen und Projekte gebracht, aber bisher noch nicht die Dynamik entwickelt, die von den Ideen zum Umbau führen könnten. Deshalb wächst das Interesse in der Region für das erprobte Modell der IBA.

In Hamburg gilt „IBA meets IBA" – in Paris gilt „Île de France needs IBA" als ein metropolentaugliches, flexibles, projektorientiertes Instrument.

Mailand – die Expo 2015 und das Konzept der „Grünen Strahlen"
Prof. Andreas Kipar, Kiparlandschaftsarchitekten, Duisburg/Mailand

Mein Thema ist die Freiraumentwicklungsplanung von Mailand. Die Region hat neun Millionen Einwohner – und viele Probleme, die typisch sind für konsolidierte europäische Stadtregionen. Die Region ist völlig zersiedelt. Der neue Flächennutzungsplan fokussiert deshalb auf das Thema der Rückeroberung des öffentlichen Raums. Die Sensibilität für das Thema kommt auch daher, dass Mailand die Expo 2015 ausrichtet und bis dahin noch viel zu tun ist. In einer informellen Diskussion über den Flächennutzungsplan mit Bürgern und Planern ist irgendwann ein Freiraumkonzept entstanden, das wir „Grüne Strahlen" (ital.: raggi verdi) nannten. Ich durfte das Konzept zeichnen. Wir sind die Strahlen mit engagierten Bürgern abgelaufen und so kam eine neue Dimension in die Stadtplanung: „Slow" – „Slow Food" – „Slow City". Die Stadtverwaltung hat sich gefreut, auf den Immobilienmessen wurden Plakate aufgehängt – aber es tat sich nichts. Bis dann unsere Bürgermeisterin in Paris bei der Expo-Bewerbung diesen Plan hochhob und sagte: „Das ist unsere Freiraumstrategie, Raggi Verdi." Von uns, die wir den Plan gemacht hatten, wusste das zwar niemand, aber dieses Bild ging durch die Presse und alles was vorher informell entstanden ist, war auf einmal ein etablierter Begriff „Raggi Verdi". Dann kamen die ersten Immobilienentwickler und fragten, wo sie denn an einem grünen Strahl andocken könnten. Die neue urbane Strategie ist sozusagen über die

Nachhaltige Architektur: Entwurf des Ateliers Castro Denissof Casi

veränderte Wahrnehmung entstanden. Nun geht der Prozess weiter. Was in der Stadt die Raggi Verdi sind, ist außerhalb der „Metrobosco" – der Stadtwald.

Nun wollen wir uns 2015 der Weltöffentlichkeit auf der Expo mit dem Titel „Den Planeten ernähren" präsentieren – also Umweltschutz und Nachhaltigkeit. Das Konzept sieht fünf verschiedene Systeme vor, nicht „eine IBA" aber „fünf Regionalen". Fünf Regionalen, die sich interkommunal an Entwicklungssträngen festmachen und an denen jeweils 40-50 Gemeinden gemeinsam unter einer Expo-Regie arbeiten. Die „Strahlen" sind Bewegungen – das sind keine Flächen mehr, sondern Bewegungen, die auf eine Permeabilität ausgerichtet sind, also auf territoriale Durchlässigkeit.

Alle europäischen Metropolen werden sich in Zukunft noch stärker verdichten müssen – und sie werden sich eine eigene Konzeption für ihren öffentlichen Raum schaffen müssen auf Basis von Permeabilität. Anders wird es nicht gehen. Und wenn diese Durchlässigkeit dann auch noch grün wird, etwas mit Landschaft zu tun hat, mit Stadtlandschaft, dann haben alle Bürger etwas davon. Es gibt sie ja, die Strahlen. Man muss nur hinsehen, ein paar Mauern einreißen, ein paar Straßen beruhigen und ein paar Bäume pflanzen. Und man muss eine Kommunikationsstrategie haben – den Bürgern die Idee nahebringen.

Öffentlichkeitsarbeit zur Strategie der Raggi Verdi auf der „Piazza dei Marcanti" in Mailand

Ausnahmezustand als Herausforderung – ein Kommentar
Prof. Dr. Dieter Läpple, ehemals Leiter des Instituts für Stadt- und Regionalökonomie und -soziologie, HCU Hamburg

Was wir heute haben, ist eine Stadt, die zu über 90 Prozent fertig ist. Eine Stadt, die nicht fragt nach einem „einheitlichen Geist", wie er Joseph Maria Olbrich um 1900 vorschwebte, sondern eine Stadt, die im Gegenteil fragt nach einer Kultur der Differenz. Und wo wir gleichzeitig – und das war auch eine der eindrucksvollen Botschaften der drei Beiträge – überall in Europa eine Rückgewinnung der Stadt haben, eine neue Bedeutung der Stadt. Und in diesem Sinne ist unsere Herausforderung nicht weniger bedeutsam als die, die sich Olbrich auf die Fahne geschrieben hat. Es geht nicht um den Bau einer neuen Stadt, es geht um die Neuerfindung der Stadt. Die Neuerfindung der Stadt als Möglichkeitsraum im Sinne einer Kultur der Differenz und eine Stadt, die natürlich hochwertige Architektur haben muss, die aber gleichzeitig ein komplexes soziales System darstellt, ein komplexes ökologisches System. Eine Stadt als technische Maschine, die funktionieren muss. Eine Stadt der Kultur in vielschichtigen Bereichen – all die Komplexitäten, mit denen wir es zu tun haben.

Qualifizierung der Städte für eine neue Gesellschaft

Die „urbane Wende" (Urban Turn), von der die IBA erfasst wurde, bedeutet, dass „Bauen" als etwas verstanden wird, das zur Qualifizierung der vorhandenen Stadt für eine neue Gesellschaft mit neuen Ansprüchen beiträgt. Hier wirft der polemisch gemeinte Begriff von der „Insolvenz der Planung" ein Schlaglicht darauf, dass die tradierten Integrationsmechanismen unserer Gesellschaft wie Arbeitsmarkt, Schule und Familie heute oft nicht mehr funktionieren und im Gegenteil oft ausgrenzend wirken. Unsere Gesellschaft hat jahrzehntelang geleugnet, eine Einwanderungsgesellschaft zu sein. Wir haben unsere Schulen nicht qualifiziert für eine internationale Stadtgesellschaft.

Ein Problem sind auch Verharrungstendenzen des Marktes, die dazu führen, dass sich die Wende hin zu einer postfossilen Gesellschaft verzögert. Hier verzögert der Markt Innovationen – etwa im Bereich *Smart Buildings*. Dafür muss ein Ausnahmezustand mobilisiert werden. Das Memorandum bietet eine Orientierung, sollte jedoch den

Ausnahmezustand als Dreh- und Angelpunkt festschreiben. Dies macht dann aber eine örtliche Begrenzung erforderlich. Ganze Stadtregionen kann man nicht in einen Ausnahmezustand versetzen und deregulieren. Damit würden wir das Konzept des Labors kaputt machen. Wir müssen den Ausnahmezustand radikalisieren: so sehr wie möglich Routine aufheben, auch Formen der Deregulierung selektiv betreiben.

Von Problemen zu Potenzialen
Um eine Kohärenz der Stadtgesellschaft zurückzugewinnen, bedarf es keines umfassenden Systems, sondern eines fokussierten Ansatzes. Deshalb sollte die IBA als radikalisierter Ausnahmezustand in einem spezifischen Bereich verstanden werden und bewusst mit der Paradoxie arbeiten, die dem IBA-Gedanken zugrunde liegt: Probleme zu Potenzialen zu machen. So wie in Wilhelmsburg das Thema Multikulturalität als Stärke begriffen werden kann. Es sind die Bevölkerungsbereiche, die wachsen, die jung sind und die eine unglaubliche Energie mitbringen, wenn man ihnen die Möglichkeit gibt, diese Energie in die Stadtgesellschaft einzubringen. Es sollte eine IBA von unten hinzukommen. Wir

Prof. Dr. Dieter Läpple

müssen die Frage von *Awareness Building, Capacity Building, Community Building* im Memorandum verankern. In der Zeit eines vorübergehenden Ausnahmezustands wird die formelle Legitimation zurückgedrängt – stattdessen muss die Legitimation von unten kommen und die Projekte von der Bevölkerung getragen werden.

Aus der Sicht des Bundes: IBA als internationaler Wissenstransfer
Dr. Marta Doehler-Behzadi, Bundesministerium für Verkehr, Bau und Stadtentwicklung, Berlin
Eine IBA hat drei Wirkungsebenen: lokal, national, international. Auf der lokalen Ebene entstehen IBA immer konkret aus dem Ort heraus. Es gibt kein zentralistisches Format, bei dem eine Institution sagt: Ihr seid IBA – und ihr nicht! Das heißt, eine IBA entsteht, wenn ein Problemdruck so groß ist, dass daraus automatisch Energie und ein Thema entstehen. Wir wären töricht, wenn wir dieses Konzept aufgeben würden. In den Diskussionen mit den IBA-Akteuren auf nationaler Ebene haben wir gelernt, welch großen Erfahrungsreichtum die IBA haben. Hieraus können wir für unsere nationale Stadtentwicklungspolitik Erkenntnisse gewinnen und in das einarbeiten, was wir üblicherweise tun, nämlich Gesetze formulieren oder novellieren und Städtebauförderung betreiben. Es gibt Fragen, die mit den gängigen Methoden nicht leicht zu beantworten sind und dazu gehört die Frage der Schrumpfung, wie sie in Sachsen-Anhalt gestellt wird, auch Fragen der regionalen Zusammenarbeit zählen dazu. In diesen Fragen können wir als Gesetzgeber dazulernen. Zu guter Letzt die internationale Ebene: Eine IBA wird international immer dann etwas bewirken, wenn sie auf Fragen stößt, die in ähnlicher Weise auch anderswo anstehen und es dort Experten gibt, die deshalb nach Deutschland kommen und sich das ansehen. Die umgekehrte Transferrichtung ist aber genauso wichtig. International werden auch Antworten auf bestehende Fragen gegeben – und die Formate heißen mal Europäische Kulturhauptstadt, Expo, Olympische Spiele oder Weltkulturerbe. Es gibt ganz unterschiedliche Wege, Festivals, Ausstellungen oder andere internationale Austauschformate, um den *Turnaround* in bestimmten Städten und Regionen zu erreichen und dabei auch Planungskonzepte zu nutzen. Diesen internationalen Austausch, dieses Lernen wünschen wir uns.

IBA meets IBA Touring Exhibition
An Exhibition of the 100-year-old History of International Building Exhibitions
(Abstract)

The exhibition "IBA meets IBA" thematizes the outstanding national efforts of International Building Exhibitions within the field of *Baukultur* and presents it in different places and cities. It is focussed on the questions: What is an IBA? What may these programs achieve? What kind of tasks do International Building Exhibitions face today?

"IBA meets IBA" consists of more than 400 pictures and drawings of eight international building exhibitions. Interviews and discussions of IBA-coordinators and -experts can be watched on several TV screens. The bilingual touring exhibition (German/English or German/French) could be seen in Hamburg, Basel, Frankfurt, Magdeburg and Großräschen so far. More information:
www.iba-hamburg.de/ibameetsiba

Was leisten Internationale Bauausstellungen? In welcher Kontinuität stehen sie? Welche Anforderungen sind an das Instrument der Bauausstellung zu stellen? Können Sie modellhafte Antworten auf die drängenden Fragen unserer Zeit geben?

Diesen und weiteren Fragestellungen widmet sich die im September 2007 in Hamburg eröffnete Wanderausstellung „IBA meets IBA" als erstmalige Zusammenschau der großen Bauausstellungen des 20. und 21. Jahrhunderts. Präsentiert werden die acht bedeutenden IBA, wobei die Inhalte Ende 2009 noch einmal aktualisiert und erweitert wurden. Die Ausstellung beschränkt sich nicht auf die rein historische Abarbeitung der Wurzeln, sondern zeigt darüber hinaus die Wirkungsbezüge auf Gesetzgebung und Planungspraxis auf. Des Weiteren stellt sie die programmatischen Ansprüche und Erwartungen dar, denen sich zukünftige IBA im 21. Jahrhundert stellen müssen.

Neben den über 400 farbigen Bildern und Illustrationen und den erläuternden Texten sind auch Interviews und Diskussionen mit den Protagonisten bisheriger Bauausstellungen zu sehen.

Die zweisprachige (Deutsch/Englisch oder Deutsch/Französisch) und etwa 300 Quadratmeter große Ausstellung „IBA meets IBA" war bisher in Hamburg, Basel, Frankfurt am Main, Magdeburg und Großräschen zu sehen. Weitere Informationen unter:
www.iba-hamburg.de/ibameetsiba

Vorherige Seite; links und rechts: Impressionen der mehrsprachigen Wanderausstellung an den Standorten Hamburg und Basel

10 Vitae

Dr. Sonja Beeck
*1965, Studium der Architektur an der RWTH Aachen. Arbeit als Architektin in Köln und London. Promotion bei Prof. Alex Wall an der Universität Karlsruhe. Forschungsaufenthalte in New York und Las Vegas. Seit 2003 an der Stiftung Bauhaus Dessau. Im Rahmen der IBA Stadtumbau 2010 in Sachsen-Anhalt, zuständig für die Themen-, Strategie- und Projektentwicklung in den beteiligten Städten. Seit 2006 Gastprofessorin an der Universität Innsbruck (Fach „Stadt und Landschaft"). Forschung und Lehre in den Bereichen Architektur und Stadtentwicklung.

Dr. Gabriela Bloem
*1960, Raum- und Umweltplanerin. Promotion bei Prof. Albert Speer und Ferdinand Stracke. Zunächst als Stadtplanerin in Architekturbüros in Karlsruhe und Kaiserslautern tätig. 13-jährige wissenschaftliche Tätigkeit bei der Hessischen Gesellschaft für Forschung, Planung und Entwicklung. Seit 2003 Abteilungsleiterin beim Planungsverband Ballungsraum Frankfurt/Rhein-Main (Schwerpunkt: Steuerung des Modellprojektes „Regionaler Flächennutzungsplan"). Seit 2008 Beauftragte für die Vorbereitung der IBA Frankfurt Rhein-Main.

Prof. Anna Brunow
*1951, seit 1980 Teilhaberin und Projektleiterin des Architekturbüros Brunow & Maunula (Helsinki). Zwischen 1988 und 2005 Gastdozentin und -kritikerin in Diplomprüfungskommissionen an diversen internationalen Hochschulen (unter anderem in Göteborg, London, Stockholm). Gastprofessorin an der FH Hamburg (1995-1996) und Hochschule für bildende Künste, Hamburg (1999-2002). Fachpreisrichterin in diversen internationalen Wettbewerben. 2004-2008 Jurymitglied des Deutschen Städtebaupreises. Von 1998-2005 Vorsitzende des finnischen Architektenverbandes und 2004-2010 Vorsitzende des Staatlichen Finnischen Architekturausschusses.

Nicolas Buchoud
*1975, Studium Politikwissenschaft, öffentliches Recht und Stadt- und Landesplanung (Sciences Politiques Paris) und Geschichte (Sorbonne). Als Fach- und wissenschaftlicher Berater im Kabinett des Ministerprä-

sidenten der Metropolregion Paris Île de France befasst mit der Umsetzung des Regionalplans und der Entwicklung strategischer Vorhaben in der Metropolregion Paris. Zahlreiche wissenschaftliche Beiträge und Bücher. Leitete Workshops und Masterclasses an Hochschulen unter anderem in Tokio, Tilburg und Paris. Seit 2006 Leitung des Beratungsbüros Rennaissance Urbaine. Arbeitsschwerpunkte: Stadterneuerung, Citymanagement und territoriale Kohäsion.

Frauke Burgdorff
*1970, Studium der Raumplanung in Kaiserslautern und Dortmund. 1996–1997 Mitarbeiterin bei der Studiegroep Omgeving, Antwerpen. Bis 2000 Wissenschaftliche Angestellte beim Sekretariat für Zukunftsforschung, Gelsenkirchen (Schwerpunkte: Kunst und öffentlicher Raum, Technologie und Raumentwicklung, Evaluationen). Ab 2001 Wissenschaftliche Mitarbeiterin bei der EuRegionale 2008, Aachen (Konzeption und Koordination des Wettbewerbsbeitrags für die Regionale 2008, Schwerpunkte: Stadtentwicklung, Kunst/Kultur). Ehemalige Leiterin des Europäischen Hauses der Stadtkultur e. V., Gelsenkirchen. Jetzt Vorstandsvorsitzende bei der Montag Stiftung Urbane Räume gAG, Bonn.

Dr. Marta Doehler-Behzadi
*1957, Studium Stadtplanung und Städtebau an der Hochschule für Architektur und Bauwesen Weimar. 1986 Promotion zum Doktor-Ingenieur. 1984–1990 im Büro des Chefarchitekten der Stadt Leipzig tätig. Ab 1991 freiberufliche Stadtplanerin, 1992–2007 gemeinsam mit Prof. Iris Reuther Leitung des Büros für urbane Projekte, Leipzig. Seit 2007 Leiterin des Referates für Baukultur und Städtebaulichen Denkmalschutz im Bundesministerium für Verkehr, Bau und Stadtentwicklung, Berlin. Arbeitsschwerpunkte: konzeptionelle Stadt- und Regionalplanung, urbanistische Forschung, Bürgerbeteiligung und Moderation.

Prof. Dr. Werner Durth
*1949, Studium der Architektur und Stadtplanung an der TH Darmstadt sowie Soziologie und Philosophie an der Goethe-Universität, Frankfurt/Main. Nach der Promotion zum Dr.-Ing. Wissenschaftlicher Mitarbeiter am Institut für Soziologie an der TH Darmstadt. 1981 Professor für

Umweltgestaltung an der Gutenberg-Universität Mainz, ab 1993 Professor für Grundlagen moderner Architektur und Entwerfen an der Universität Stuttgart, seit 1998 Professor für Geschichte und Theorie der Architektur an der TU Darmstadt. Auszeichnungen: 1992 Erich-Schelling-Preis für Architekturtheorie, 2004 Fritz-Schumacher-Preis für Stadtforschung. Umfangreiche Publikationen zur Geschichte der Architektur und Stadtplanung.

Kaye Geipel
*1956, Architekturkritiker, Architekt und Stadtplaner. Seit 1995 Redakteur der *Bauwelt*. Diverse Vorträge und Publikationen, insbesondere zum Thema Wohnbau. Seit 1999 Mitglied des wissenschaftlichen Komitees von Europan Deutschland. 2005-2008 Mitglied der Jury des Grand Prix d'Urbanisme, dem jährlich vergebenen französischen Städtebaupreis. Herausgeber von *Public spheres: Wer sagt, dass der öffentliche Raum funktioniert?* einem Buch über die aktuellen Veränderungen des öffentlichen Raumes.

Anja Hajduk
*1963, Studium der Psychologie mit den Schwerpunkten Kommunikation und Organisationsentwicklung in Düsseldorf und Hamburg. Bis 1997 Psychologin im interkulturellen Jugendaustausch (Mitarbeiterbetreuung, Organisationsentwicklung und Programmentwicklung). 1995 Beitritt bei Bündnis 90/Die Grünen/GAL Landesverband Hamburg. 1997-2002 GAL-Abgeordnete in der Hamburgischen Bürgerschaft. Parallel 1998-2001 Parlamentarische Geschäftsführerin der GAL-Fraktion, Mitglied des Fraktionsvorstandes. 2002-2008 Landesvorsitzende der GAL Hamburg. 2004-2008 Haushaltspolitische Sprecherin der Bundestagsfraktion Bündnis 90/Die Grünen. 2005-2008 Mitglied des Verwaltungsrates der Bundesanstalt für Immobilienaufgaben. Seit Mai 2008 Senatorin für Stadtentwicklung und Umwelt der Freien und Hansestadt Hamburg.

Uli Hellweg
*1948, Architektur- und Städtebaustudium an der RWTH Aachen. 1980 freiberuflicher Stadtplaner in Berlin. 1982 Koordinator bei der IBA

Berlin GmbH 1984/1987 für Pilotprojekte. 1986 Planungskoordinator der S.T.E.R.N. GmbH für das Stadterneuerungsgebiet Moabit in Berlin. 1992 Dezernent für Planen und Bauen der Stadt Kassel. 1996 Geschäftsführer der Wasserstadt GmbH, Berlin. 2002 Geschäftsführer der agora s.a.r.l., Luxemburg. Seit 2006 Geschäftsführer der IBA Hamburg GmbH.

Prof. Andreas Kipar
*1960, 1978 Ausbildung zum Gärtner. Studium der Landschaftsarchitektur in Essen sowie Architektur und Städtebau in Mailand. Lehrte Landschaftsarchitektur unter anderem in den USA, Dortmund, Dresden, Venedig, Braunschweig, Zürich, Versailles und Turin. Seit 2000 Lehrbeauftragter für Landschaftsarchitektur an der Universität Genova. 2007 Gastprofessor an der Universität Cagliari. Seit 1999 offizieller IBA-Emscher-Park-Korrespondent für Italien. Heute unter anderem Mitglied des Fachbeirates der IBA Fürst-Pückler-Land 2010. 1990 Auszeichnung mit dem Italienischen INU-Lombardy-Award und 2002 mit dem internationalen Landschaftsarchitekten-Trendpreis „Bauen mit Grün". 2006 Verleihung des Nordrhein-Westfälischen Landschaftsarchitektur-Preises und 2007 des Bundesverdienstkreuzes.

Prof. em. Dr. Dieter Läpple
*1941, Studium der Wirtschafts- und Sozialwissenschaften an der TU und FU Berlin. Lehr- und Forschungstätigkeiten unter anderem in Berlin, Amsterdam, Paris, Aix-en-Provence/Marseille und Leiden. Seit 1986 Professor für Stadt- und Regionalökonomie, ab 1993 Leiter des Instituts für Stadt- und Regionalökonomie und -soziologie an der TU bzw. HCU Hamburg. Seit 2006 Vizepräsident des internationalen Netzwerks SCUPAD – Salzburg Congress on Urban Planning and Development. Urban Expert und Mitglied des Advisory Board des Urban-Age-Programme der London School of Economics und der Alfred Herrhausen Society.

Dirk Lohaus
*1972, Studium der Stadtplanung in Hamburg und Montpellier. In verschiedenen Büros tätig zu den Themen Stadtentwicklung, kooperative

Planungsprozesse und soziale Stadtentwicklung. Diplomabschluss 2004. Verschiedene Projektzusammenarbeiten in der Stadtforschung unter anderem mit Stadt + Handel (Dortmund) und Arge Kirchhoff Jacobs (Hamburg). Seit 2006 Projektleiter in der grenzüberschreitenden Zusammenarbeit beim Trinationalen Eurodistrict Basel. Dort betraut mit dem Projekt IBA Basel 2020 und der Erstellung einer trinationalen Entwicklungsstrategie.

Prof. Dr. Engelbert Lütke Daldrup
*1956, Studium der Raumplanung in Dortmund. 1980 Schinkelpreis in der Sparte Städtebau. 1982-1985 Städtebaureferendar und Baurat in Frankfurt/Main. Bis 1989 Wissenschaftlicher Mitarbeiter an der TU Berlin. 1988 Promotion zum Doktor der Ingenieurwissenschaften und Beginn als Mitarbeiter der Senatsverwaltung für Bau- und Wohnungswesen in Berlin. 1992 Leiter des Referats „Hauptstadtgestaltung". 1995-2005 Stadtbaurat in Leipzig. 2001-2005 stellvertretender Vorsitzender des Bau- und Verkehrsausschusses des Deutschen Städtetags. 2006-2009 Staatssekretär des Bundesministeriums für Verkehr, Bau und Stadtentwicklung.

Dr. Reimar Molitor
*1968, Studium der Geografie mit den Nebenfächern Verwaltung und Raumplanung, Geologie und Politik in Münster. 1999 Promotion. Seit 1994 Beratung und Begleitung von über 30 europäischen Regionen bei der Zukunftsgestaltung, dem Management regionaler Entwicklung, Projektmanagement sowie Standortentwicklung mit Fokus auf die Verstärkung regionalwirtschaftlicher Unternehmensentwicklung. 2001-2003 tätig im Regionalmanagement der Regionale 2006. Jetzt Geschäftsführer der Regionale 2010 GmbH.

Brigitte Scholz
*1968, Dipl.-Ing. Landschafts- und Freiraumplanung. Studium an der Universität Hannover. 1996-1999 Forschungsprojekt am Institut für Freiraumentwicklung der Universität Hannover (Strategien der projektorientierten Planung). 1999-2000 Senatsverwaltung für Stadtentwicklung in Berlin. Seit 2000 IBA Fürst-Pückler-Land GmbH, Leiterin

Bereich Projekte. Lehrbeauftragte der BTU Cottbus, Arbeitsschwerpunkte: Landschaften nach dem Tagebau, Umnutzung von Industriedenkmalen, Projekt- und prozessorientierte Planung.

Dr. Dagmar Tille

*1959, Studium der Architektur in Weimar. 1987-1990 Wissenschaftliche Mitarbeiterin am Institut für Städtebau und Architektur in Berlin. Bis 1999 tätig in Berliner Planungsbüros. 2000-2009 Wissenschaftliche Mitarbeiterin im Leibniz-Institut für Regionalentwicklung und Strukturplanung e. V., Erkner. Bis 2007 Leitung der Bundestransferstelle Städtebaulicher Denkmalschutz. Seit 2009 Leiterin der Werkstatt für Architektur und Denkmalschutz der Senatsverwaltung für Stadtentwicklung, Berlin. Aktuell Leitung der IBA-Vorbereitungsgruppe innerhalb der Projektgruppe Tempelhofer Feld.

Prof. Kunibert Wachten

*1952, Architekt und Stadtplaner. Studium der Architektur an der RWTH Aachen. 1979-2001 Büro für Stadtplanung und Stadtforschung Zlonicky Wachten Ebert in Dortmund. Seit 2003 Büro scheuvens + wachten in Dortmund. 1994-1999 Professor für Städtebau und Raumplanung an der TU Wien, seit 1999 Professor für Städtebau und Landesplanung an der RWTH Aachen. Seit 2006 Mitglied des Kuratoriums der IBA Hamburg.

Prof. Jörn Walter

*1957, Studium der Raumplanung an der Universität Dortmund. 1982-1984 Städtebaureferendar in Düsseldorf. 1985-1991 Leiter des Amtes für Stadtentwicklung und Umwelt der Stadt Maintal. 1991-1999 Leiter des Stadtplanungsamtes der Landeshauptstadt Dresden. 1996 Ernennung zum Leitenden Baudirektor. 1997 Gastprofessor TU Wien, 1998 Lehrauftrag TU Dresden. Seit 1999 Oberbaudirektor der Behörde für Stadtentwicklung und Umwelt der Freien und Hansestadt Hamburg.

Dr. Roger Willemsen

*1955, Publizist, Autor, Essayist und Fernsehmoderator. Studium der Germanistik, Philosophie und Kunstgeschichte in Bonn, Florenz,

München und Wien. Bis 1991 Autor, Universitätsdozent, Übersetzer, Herausgeber und Korrespondent. Seitdem als Produzent, Filmemacher, mit Interviews und Kultursendungen im Fernsehen. Mehrfach ausgezeichnet unter anderem mit dem Grimme-Preis in Gold. Übersetzung seiner Bücher in viele Sprachen. Aktuell mit Stand-Up-Programmen auf deutschen Bühnen.

Prof. Peter Zlonicky
*1935, Architekt und Stadtplaner. 1971–1976 Professor am Lehrstuhl und Institut für Wohnbau der RWTH Aachen. Bis 2000 Leiter des Fachgebiets Städtebau und Bauleitplanung an der Universität Dortmund. Bis 2002 tätig im Arbeitsbereich Städtebau und Quartiersplanung an der TU Hamburg-Harburg. Gastprofessuren in Venedig, Trento, Zürich und Wien. Entwickelte zahlreiche Stadterneuerungsprojekte (1982–1984 Rahmenplanung für das Regierungsviertel Bonn, 1991–1993 vorbereitende Untersuchungen für das Parlaments- und Regierungsviertel Berlin). 1988 – 1997 Wissenschaftlicher Direktor bei der IBA Emscher Park. Seit 2000 Inhaber des Büros für Stadtplanung und Stadtforschung in München, Darmstadt, Essen und Dortmund. 2000 – 2003 Modernisierung der Regionale 2010 für die Städte Köln, Bonn, Leverkusen sowie für vier Landkreise. Seit 2008 Mitglied des Kuratoriums Nationale Stadtentwicklung in Berlin.

Bildnachweis
6/7: IBA Hamburg GmbH/Patrick Piel I 8, 12, 16/17, 18, 34, 48/49, 50, 58, 76, 85, 86, 92, 98, 102, 112, 118/119: IBA Hamburg GmbH/Johannes Arlt I 10: Entwurf: Han Slawik Architekten, Hannover I 15: Freie und Hansestadt Hamburg, Landesbetrieb Geoinformation und Vermessung, Hamburg. Vervielfältigt mit Genehmigung LGV 41-07-173 I 32/33: © ullstein bild – Granger Collection I 39: picture-alliance/Bildagentur Huber I 40: © Marcus Koppen/Agentur Bilderberg I 43: DESIREY MINKOH/AFP/Getty Images I 44: © Martin Harvey/Corbis I 46: DigitalGlobe/Getty Images I 56/57: IBA Hamburg GmbH/Axel Nordmeier I 64/65: IMORDE, Projekt- & Kulturberatung GmbH, Münster/Grafik: Alexandra Engelberts, Münster I 74/75: Mathias Beyrow I 78 li.: Profifoto Kliche I 78 re.: Profifoto Kliche I 80 li.: Grafik: Kerstin Faber I 80 re.: Doreen Ritzau I 82: Entwurf: bof architekten, Hamburg mit Breimann & Bruun Garten- und Landschaftsarchitekten, Hamburg I 83: IBA Hamburg GmbH/HHS Architekten und Planer, Kassel I 90/91: picture-alliance/dpa I 100/101: LAND Group, Milano; LAND Srl, Milano I 104: Siegfried Dammrath I 105: Jussi Tiainen I 107: Grumbach et Associés, Paris I 108: Ateliers Castro Denissof Casi, Paris I 110: LAND Group, Milano; LAND Srl, Milano I 114-117: IBA Hamburg GmbH/René Reckschwardt

© 2010 by jovis Verlag GmbH und IBA Hamburg GmbH
Das Copyright für die Texte liegt bei den Autoren. Das Copyright für
die Abbildungen liegt bei den Fotografen/Inhabern der Bildrechte.
Alle Rechte vorbehalten.

Herausgeber:
Internationale Bauausstellung IBA Hamburg GmbH
Uli Hellweg, Geschäftsführer | Am Zollhafen 12 | 20539 Hamburg
www.iba-hamburg.de

Projektkoordination „Netzwerk IBA meets IBA":
Gerti Theis, IBA Hamburg GmbH | René Reckschwardt, IBA Hamburg GmbH

Das Projekt „Netzwerk IBA meets IBA" ist ein Projekt der Nationalen Stadtentwicklungspolitik des Bundes. Das Projekt und diese Dokumentation werden gefördert durch das Bundesamt für Bauwesen und Raumordnung (BBR) und das Bundesministerium für Verkehr, Bau und Stadtentwicklung (BMVBS).
Projektbegleitung:
Michael Marten, BMVBS, Berlin
Lars-Christian Uhlig, BBSR, Bonn

Organisation und fachinhaltliche Unterstützung
„Netzwerk IBA meets IBA": IMORDE Projekt- und Kulturberatung GmbH, Münster

Redaktion:
René Reckschwardt, IBA Hamburg GmbH | Andreas Brüning, IMORDE Projekt- und Kulturberatung, Münster | Christoph Hochbahn, IMORDE Projekt- und Kulturberatung, Münster | Rainer Müller, Texturban, Hamburg

Bildredaktion:
René Reckschwardt, IBA Hamburg GmbH | Annina Götz, Göttingen (Roger Willemsen: Eine literarische Reise zu den Metropolen der Welt)

Übersetzung: Sabine Volkmer, Münster (Abstracts)
Gestaltung und Satz: Susanne Rösler, Berlin
Lithografie: Bild1Druck, Berlin
Druck und Bindung: fgb freiburger graphische betriebe

Bibliografische Information der Deutschen Nationalbibliothek
Die Deutsche Nationalbibliothek verzeichnet diese Publikation in
der Deutschen Nationalbibliografie; detaillierte bibliografische
Daten sind im Internet über http://dnb.d-nb.de abrufbar.

jovis Verlag GmbH | Kurfürstenstraße 15/16 | 10785 Berlin
www.jovis.de

978-3-86859-073-9